Klaas Huizing

Verzaubert leben

Eine Roadmap zum Heiligen

Dem Saarbrücker Freundeskreis

Inhalt

Zweite Reiseetappe zum Heiligen

Dritte Reiseetappe zum Heiligen

Einleitung

Bigger than me

Dieses Lied besetzte nicht nur meine Ohren. *Bigger than me*. Präsentiert vom englischen Singer und Songwriter Louis Tomlinson; die Single seines zweiten Studioalbums. Bis heute schaffte das Video über 6,7 Millionen Klicks auf YouTube. Zwar kein Top 1 Hit, aber eine wunderbare, verzaubernde Hymne. Ein junger Mann geht durch eine in zunehmendes Dämmerlicht getauchte, atemberaubende und geheimnisvoll erscheinende Landschaft. Ich meine, ein halb ausgetrocknetes Flussbett zu erkennen, bewacht von einladend bemoosten Klippen, vielleicht auch herrscht Ebbe an einem entlegenen und verwunschenen, sogar einen unwirtlichen Eindruck machenden Küstenstreifen. Der Sänger sammelt Treibholz, ihn lenkt ein stürmischer, energisch brausender Wind hin zu einem Lagerfeuer in der Ferne; er legt Holz auf und schaut konzentriert den Flammen zu, versammelt das Geviert, das »Weltquadrat« (Hermann Timm) von Feuer, Wasser, Luft und Licht.

Singend erzählt er eine, wenn nicht *die* Schlüsselsituation seines bisherigen Lebens. Wenn ihm jemand sagte, er würde sich ändern, dann versteckte er sich bisher hinter einem Lächeln. Er spricht von Angst, weil die Welt draußen offenbar auch Angst hatte, wie ihm klar wurde. Er hatte die Zeichen bisher nicht gelesen, ging andere Wege, bog links ab, wollte alles richtig machen, die richtigen Entscheidungen treffen, hörte schließlich auch die gut gemeinten und vorwurfsvollen Stimmen nicht mehr. Aber dann ereignet sich plötzlich die befreiende, ergreifende Erfahrung in dieser Landschaft im Dämmerlicht: *Bigger than me*. Die Intensität dieser Erfahrung transzendiert seine Alltagswirklichkeit. Ein prächtiger, stimmgewaltiger, befreiender Jubelschrei, ein verzücktes Staunen und Erschauern. Das Lied hat Feuer. Etwas ist größer, umgreifender als er. Verspricht Orientierung und vor allem: Hoffnung. Fordert aber auch. Er ist endlich, so singt er in klaren und zugleich hungrig hohen Tönen, die die Zuhörerinnen zu einer Levitation nötigen, aufgewacht und fühlt sich lebendig, neugeboren, bejaht das Leben. Vielleicht ist er jetzt auch bereit, sich mit seiner Lebenskraft und neuer Lebenseinstellung für die Lebenskraft der Welt draußen einzusetzen, die unter bedenklich erhöhter Temperatur leidet. Wahrscheinlich ist er jetzt entschlossen, aus dieser Erfahrung die Motivation für eine eigene Transformation zu schöpfen, sein Lebensmuster zu ändern, um endlich seinen Platz in der Welt zu finden. Der Hoffnungsfunken zündet.

Als Hörerin oder Hörer kann man sich in dieses befeuernde Jubilieren mitsingend einschwingen, die Füße übernehmen die Führung, vollziehen eine oder mehrere Drehungen um die eigene Achse mit geöffneten Armen. Zusammen heißen wir die Welt willkommen. Eine glückliche Weltbeziehung entsteht, die im Idealfall auch dem Alltag eine freudige Tönung und einen anderen, spielerischen Rhythmus verleiht. Um einen wirkmächtigen Satz von Friedrich Schiller zu variieren: Ein Mensch »ist nur da ganz Mensch, wo er tanzt«. Um mit diesem eingeleibten, spielerischen Schwung dann auch der fiebernden Natur und allem Lebendigen, das leidet, lindernd und nachhaltig beizustehen.

Dieses animierende und Energie verleihende Lied *inszeniert*, das ist die Pointe, eine Heiligkeitserfahrung. Heiligkeitserfahrungen sind Erfahrungen von Tiefe, die jeweils für mich oder mein Leben mit anderem Leben *bedeutsam* sind, genauer: Sie gehen mich *unbedingt* an, wie Paul Tillich (1886-1965) formuliert hat, ein protestantischer Theologe und Philosoph, der Deutschland während der Zeit der braunen Diktatur verlassen musste und dann lange in Amerika sehr erfolgreich lehrte. Es geht letztlich um Leben und Tod. Diese Erfahrungen sind nicht nur *irritierende, sondern schockierende Erfahrungen*. Rudolf Otto (1869-1937), protestantischer Dogmatiker und Religionswissenschaftler, hat in seinem Bestseller *Das Heilige* (1917) diese eigenständige Erfahrungs*qualität* mit einem neuen Wort als »numinos« (von lat. numen: Heiliges/Göttliches) bestimmt, gemeint ist damit: Diese Erfahrungen von Tiefe sind erschreckend und faszinierend zugleich (*tremendum et fascinans*), erzeugen Gänsehaut und jagen unserem Leib Schauer über den Rücken, packen uns, lassen uns nicht kalt. Im Anschluss an Rudolf Otto hat der Kieler Philosoph Hermann Schmitz (1928-2021), der das lange verwahrloste Thema des spürenden Leibes auf die Agenda setzte, eine Pointe hinzugefügt: Die Erfahrung von Enge und Weite, tremendum et fascinans, wird in jedem Atemzug abgebildet, nämlich im Gezweit von Einatmen (Enge, Angst) und Ausatmen (Weite, Freiheit). *Auffällig* wird diese alltägliche Struktur, unser primärer Austausch mit der Welt, namentlich in Heiligkeitserfahrungen. Der spürende Leib ist es, an dem zunächst die Welt anstrandet: am Leib als dem »universalen Resonanzboden« (Schmitz, UG 116). Dort kommen wir in Kontakt mit einer umgreifenden Realität, die mit ihrem affektiven Appellcharakter uns herausfordert und eine leibliche, auch handgreifliche Antwort einfordert.

Das Göttliche oder Heilige ist strukturell ambivalent, denn die Erfahrung, dass etwas größer ist als ich, kann auch ängstigen, fasziniert uns aber zugleich und stiftet, soweit das involvierte Ich diese Erfahrung als Lebenssteigerung einstuft, eine Dankbarkeit ein, eine zunächst feierliche und andächtige Ergebenheit, die dann zur Handlung drängt. Und: Es gibt Agenturen, die das *erschreckende Element* am Heiligen *rationalisieren*, einhegen, mäßigen und damit geschützt erfahrbar machen: die biblischen Schriftsteller etwa, die vor uns diese Erfahrungen durchgespielt haben und uns Lesenden Zugänge erschließen; zugleich die Künste und, nicht zu vergessen, die Wissenschaft als Praxis der Entdämonisierung und Rationalisierung des auch Ungeheuerlichen etwa im Gewitter, im Hurrikan, im Tsunami, in Pandemien.

Außendienstmitarbeiter des Heiligen sind traditionell die Theolog*innen, die diese Rationalisierung, die dem Heiligen partiell den Schrecken, aber beileibe nicht den Zauber nimmt, weiter vorantreiben und im Idealfall im Innendienst in eine schöne Ordnung bringen, früher gerne *Dogmatik* genannt; aber dieser wenig anziehende Begriff wird heute oft zurecht verschwiegen – *Systematische Theologie* ist der angestrengt neue, ebenfalls etwas hüftsteife Begriff. Ich spreche lieber von einer vitalen, pulsierenden *Lebenslehre,* die sich am Spüren orientiert. Gesucht wird eine *Theologie des Spürens.*

Es geht in diesem Essay um *Schlüsselsituationen,* um *Heiligkeits-Erfahrungen, die eine Lebensorientierung* bieten. In sechzehn Kurzreisen suche ich Orte auf, die *leibnahe* Erfahrungen des Heiligen versprechen und Hoffnung machen: eine Roadmap, die bequem in der Lektüre mitvollzogen werden kann. Es geht um die Vermessung des Heiligen im Außen- und Innenbereich. Ich spüre Eilande des Heiligen in der Natur und in der Kultur auf. Knappe Stippvisiten. Schnappschuss-Augenblicke. Es geht ins Watt, dann auf die Klippen der normannischen Steilküste, ich erinnere an ungeheure Wettererlebnisse, lade einen Neffen ins Fußballstadion ein, besuche Friedhöfe und *lost places,* kaufe nach Überzeugungsarbeit meiner älteren Tochter mit der Familie einen Hund, mache Visiten im Museum, im Studierzimmer, im Labor, der Bibliothek, dem Kino, dem Theater, in der Kirche und erinnere Seligkeitsdinge, »geliebte Objekte« (Tilmann Habermas), die zum Tagträumen mit überschießender Fantasie einladen. Ich suche belebende Begegnungen (vgl. Pépin, 2022) mit Menschen, Freunden, Tieren, Pflanzen, Liebespaaren, wie sie in Filmen und Büchern vor Augen gemalt werden. Dieses Buch ist eine Einladung zum *Transzendieren, zum spielfreudigen, intensiven Übersteigen des Alltags*, hin zu Orten und Situationen, die Erfahrungen von *Neuheit, Kreativität und Entwicklungsfähigkeit* erlauben. Die Pointe ist: Nachhaltige Heiligkeitserfahrungen bieten tragende *Orientierung* für den eigenen Lebensentwurf, versprechen Lebensgewinn und Lebensenergie, zeigen die *Lebensrichtung* auf, die dann in der Lebensführung handelnd, in Situationen mit anderem Leben verstrickt, eingeschlagen wird. *Klug handeln, um ein gutes Leben zu führen, kann ich nur, wenn mir zunächst die Lebensrichtung klar geworden ist und ich meinen Platz in der Gesellschaft gefunden habe.*

Die Orte, die ich nenne, sind lose mit meiner Biographie verknüpft, denn es ist *mein spürender Leib* und es sind *meine subjektiv gespürten Tatsachen*, die mir als Folie dienen. Die phänomenologische Beschreibung, Stilisierungen eingeschlossen, damit die Erfahrungen verdichtet werden, hofft auf intersubjektive Anschlüsse, Wiedererkennungsblitze, die eine Übersetzung in Ihre eigene Biographie als Leserin und Leser ermöglichen. Auffallend häufig knüpfen die beschriebenen Erfahrungen an Begegnungen aus Kindheit, Jugend und frühem Erwachsenenalter an, einfach deshalb, weil in diesen Jahren das *Andringen von Welt* besonders nachhaltig gespürt wird – so auch im oben inszenierten YouTube-Video. In späteren Jahren verlieren wir häufig diese Fähigkeit und müssen sie neu, in zweiter, mündiger Naivität einüben, wenn wir erneut in die Rolle des Gotteskindes hineinschlüpfen. »Wenn ihr nicht werdet wie die Kinder«, lautet die Redewendung, die sich an einen Spruch aus dem Matthäusevangelium (Mt 18,3) anlehnt, »werdet ihr nicht ins Himmelreich kommen.«

Den drei Blöcken zwischengeschaltet sind Übungen, die den Leib, der auf Heiligkeitserfahrungen reagiert, zum Sprechen bringen wollen. Dann sind Sie als Leser*innen aktiv im Spiel! Ein Learn-Attack. Im Zentrum steht der *spürende Leib*, der offen ist für Erfahrungen von atmosphärischen oder personal verdichteten Begegnungen, die uns leiblich affizieren und die wir am eigenen Leib spüren. Menschliches Leben vollzieht sich stets in *atmosphärisch getränkten Situationen*, ist Leben in einer Umgebung mit mitmenschlichem und nichtmenschlichem Leben. *Sein und Raum*, nicht *Sein und Zeit* ist das Thema. Drei basale Übungen sollen, so mein Angebot, von Ihnen lesenderseits vollzogen und nachgespielt werden. Übungen, die den *spürenden Leib* zunächst erfahrbar machen; Übungen, die die *Reichweite des spürenden Leibes* als selbstwirksame *Einleibung* erkunden; schließlich Übungen, die zur *spielerischen Identifizierung* einladen – auch zur spielerischen Identifizierung mit *Heilsbringern* und *Heilsbringerinnen* (Michael Stausberg) oder *maßgebenden Menschen* (Karl Jaspers), die das Leben orientieren und umbilden. Mein Sprachlehrer für dieses Leibgeschehen ist der Leib-Philosoph Hermann Schmitz.

Der letzte Teil fragt nach den Deutungsagenturen, die diese subjektive Kartierung von Heiligkeitserfahrung lesbar und lebbar machen. Das Heilige ist schon seit geraumer Zeit nicht mehr nur in der Theologie beheimatet, sondern es hat freundliche (nicht feindliche) Übernahmen aus anderen Fächern gegeben, die sich dem riesigen, unerschöpflichen Pool des Heiligen zugewandt haben. Ich präsentiere die theologische Deutungskompetenz und suche den überlappenden Konsens mit der Philosophie (Hermann Schmitz' zweiter, konziser Auftritt), der (Positiven) Psychologie (Martin Seligman), der Kunstwissenschaft (Aby Warburg) und der Soziologie (Hartmut Rosa), die jeweils Deutungsangebote für die Führung eines guten Lebens im Umgang mit Heiligkeitserfahrungen versprechen. Es gibt eine Vielfalt, eine Diversität von Deutungsagenturen und die Theologie ist ein Angebot unter mehreren Anbietern.

Diese Lebenslehre 2 ist die Slimfit-Ausgabe meiner adipös geratenen Lebenslehre (2022), sie schlägt zugleich einen anderen Weg ein und nimmt den Ausgang von eingängigen Szenen religiöser Heiligkeitserfahrung. Ich starte in diesem Essay mit dem Heiligen oder dem heiligen Geist, *nicht*, wie die traditionelle Systematische Theologie, mit der Gotteslehre. Orte der Erfahrung des Heiligen sind nicht auf Orte wie Tempel oder Kirchen oder traditionelle heilige Orte als Realisationsformen des Heiligen festgelegt. Überall und in allen Lebenssituationen lassen sich Erfahrungen des Heiligen aufspüren, die für das eigene Leben spielentscheidend sein können.

Zunächst aber setzen wir über auf eine ostfriesische Insel, nach Borkum. Auf ein (H)Eiland. Auf google-map: oben ganz links. Den tief in einem Schrank versteckten Ostfriesennerz hervorholen und einpacken, bitte. Und jetzt: Schuhe aus, Gummistiefel an, das Watt ruft.

Hörtipp / Lesetipp:

- Louis Tomlinson: Bigger than me: https://www.youtube.com/watch?v=Ece21themfE.
- Bruno Latour: Jubilieren. Über religiöse Rede. Aus dem Französischen von Achim Russer, Frankfurt am Main 2016.

Erste Reiseetappe zum Heiligen

Borkum, Wattenmeer

Priel-Angst und Brandgans-Trost

Wattwanderung im Schlick der Nordseeküsten
Foto: © matho – AdobeStock.com

Ein Wort hatte in meiner Jugend einen magischen Klang: *Golfstrom*. Meine Mutter dehnte das Wort aus, als wäre es eine Verheißung. Wegen meiner pfeifenden Bronchien musste ich ab dem 9. Lebensjahr jährlich nach Borkum auf Kur, weil nur an Borkum (nicht etwa an Juist oder Norderney, diesen deutlich mondäneren Inseln) der mysteriöse Golfstrom vorbeifloss und mein Asthma zu heilen versprach. Dann wurde der Volvo 164 vollgepackt und Heinz, einer der Arbeiter in der Firma meines Vaters und meiner Mutter, der normalerweisen einen riesigen LKW, einen Hentschel, später einen Magirus fuhr, kutschierte uns nach Emden zum Schiff. Heinz, den meine Schwestern und ich Onkel Heinz nannten, weil er schon seit Ewigkeiten im Unternehmen war, trug auch bei Hitze und geschlossenen Autofenstern (überall drohte eine Erkältung, der *grimmige Ostwind aus Russland* hatte im Vokabular meiner Mutter einen festen Platz) einen dunklen Anzug, als müsse er auf eine Beerdigung. Ich saß wegen meines Magens, der, wie meine Mutter sagte, gerne Sperenzchen machte, auf dem Beifahrersitz, meine Mutter auf der Rückbank in der Mitte zwischen meinen beiden älteren Schwestern, die aber nur wenige Male mitfahren durften. Ich ging auf Kur nach Borkum stets in den Randzeiten, etwa in der Woche vor Ostern oder in den Herbstferien, weil dann, so die Auskunft, die Wirkkraft des Golfstroms besonders nachhaltige Ergebnisse garantierte. Meistens waren dann beide Kinos auf der Insel und auch der Minigolfpark noch oder schon wieder geschlossen. Dick eingemummt ging ich jeden Tag stundenlang im steifen Wind auf der Promenade spazieren, häufig in Begleitung meiner Mutter, manchmal ging ich rückwärts, dann kam ich schneller voran. Jeden dritten Tag bekam ich ein magenschonendes Soft-Eis – Eiswaffel mit Schokokuss. Lernte ich an einem Tag fehlerfrei mehr als dreißig englische Vokabeln, ich hatte in jenem Jahr die Grundschule gerade hinter mir, bekam ich ein Soft-Eis extra.

Weil der inzwischen ergreiste Homöopath meiner Mutter, dem sie blind vertraute, war er es doch, der sie von ihrer Schwindsucht, an der sie kurz vor dem Ausbruch des Zweiten Weltkrieges sterbenskrank litt, heilte, weil also dieser Homöopath ihr zur Linderung meines Asthmas neben den Kuren auch eine Wattwanderung empfohlen hatte, durfte ich, obwohl meine Mutter eine lange Liste von Bedenken aufsagen konnte, nach vielen Vertröstungen mitwandern. Noch in der Nacht hatten Regen und Wind gemeinsam getobt, jetzt schwiegen beide, das Grau des Morgens hatte Farbe aufgesogen. Wolken, reingewaschen, spielten Fangen, schlugen einander ab und zogen gemeinsam weiter. Das Wetter gab ein *okay*, was meiner Mutter die Stimmung eintrübte, aber ich, *little me,* stand im Ostfriesennerz und in Gummistiefeln mit einem Eimer ausgestattet aufgeregt am vereinbarten Sammelpunkt. Sieben Männer und Frauen, ich war das einzige Kind. Der Wattführer, den ich bereits im Heimatmuseum kennengelernt hatte, redete sehr beruhigend auf meine Mutter ein, die sich wegen ihrer Rückenprobleme nicht traute mitzuwandern. Ich drehte mich noch mehrfach nach ihr, die mir etwas nachzurufen schien, um, dann konnte ich sie nicht mehr ausmachen.

Unterwegs durfte ich meine Gummistiefel ausziehen und eine Frau half mir, die Hose umzukrempeln. Ich stelzte zunächst, war über die Kälte erschrocken, versuchte, meine Hose nicht zu verschmutzen, aber mit jedem neuen Schritt genoss ich es, nachdem wir die Rippelstellen hinter uns hatten, wie der Schlick sich zwischen meinen Zehen quietschend hindurchdrückte, ich dreckig wurde und mit jedem schmatzenden Schritt Spuren hinterließ. Ich schmeckte Salz, die Luft war klebrig, ein Geruch wie die Sülze bei unserem Schlachter um die Ecke. Auf glibberige Quallen machte der Wattführer aufmerksam, zeigte Seeringelwürmer, Käferschnecken, Herz- und Pfeffermuscheln, den Steinschmätzer und den Austernfischer, Seesterne, kleine Einsiedlerkrebse. Und er hielt einen Nachruf, er nahm sogar seine Wilhelm-Heinrich-Mütze ab, auf das Seepferdchen, das er seit drei Saisons nicht mehr entdeckt habe. Das mache ihn traurig. Ich war trotzdem glücklich. In den Pfützen spiegelte sich der Himmel samt Wolken. Mehrfach sprang ich mit Lust in die Pfützen und brachte so die Wolken zum Platzen, erschrak dann aber: Wenn Gott hinter den Wolken wohnte, zerstörte ich seine Wohnung! Ich bekam Gänsehaut, drehte mich um, aber einer der Männer hielt den Daumen hoch und lachte. Ich lachte auch, umlief jetzt aber vorsichtig jede Wasserlache. Ich wollte nicht schuldig werden. Ich wollte Gottes Haus nicht einreißen.

Ich erinnere mich noch, wie der Wattführer, der die Erwachsenen oft zum posaunenden Lachen verführte, nachdrücklich vor See-Nebel, aufziehenden Gewittern und ja, ja den Prielen warnte. Es reiche nicht hin, die stehenden großen Priele oder Priellöcher, die dauerhaft Wasser führen, großräumig zu umwandern oder kleinere Priele mit dem Priel-Stab auf die Tiefe hin zu testen. Er hielt seinen Priel-Stab hoch wie den Stab, mit dem Mose damals aus einem Felsen am Berg Horeb für das murrende Volk Israel Wasser hervorzauberte. Diesem Mose durfte ich vertrauen. Ihm und seinen Warnungen wollte ich folgen.

Jedes Jahr würden Touristen, die sich ohne ausgebildete Führer auf den Weg machten, von der plötzlich zurückkehrenden Flut überrascht und eingekesselt. Man müsse die kleinen Priele im Auge behalten, die sich schlängelnden Wasserläufe, die plötzlich mächtig anwachsen könnten, dem auch geübte Schwimmer auf Dauer nichts entgegenzusetzen hätten. Jedes Jahr würden unbegleitete Touristen ihren Ausflug ins Watt mit dem Leben bezahlen. *Wenn das Wasser da ist, ist alles zu spät. Und die Kraft meines Priel-Stabs reicht nicht hin, um die Wassermassen dann zu teilen.*

Plötzlich schwiegen wieder alle. Auch Mose. Ich blickte jetzt doch verstohlen zu dem Punkt, wo ich noch immer meine Mutter vermutete. Eine Szene von quälender Länge. Dann ein tröstliches, pfeifend-schwirrendes Fluggeräusch, das der Wattführer als Flügelschlag einer Brandgans identifizierte. Als Erste fand die Frau, die mir mit dem Umkrepeln der Hosenbeine geholfen hatte, ihre Stimme wieder und redete gestikulierend auf den Wattführer ein, ich versuchte zu entdecken, ob irgendein Priel vielleicht heimlich volllaufe.

Dann, endlich, gingen wir langsam zurück. An einer sicheren Stelle, kurz vor dem Ende der Wanderung, konnten wir erkennen, wie eine kleine Rinne sich extrem schnell mit Wasser füllte.

Wo wir vor Minuten noch sicher durch das Watt gezogen waren, hatte das Wasser das Land bereits zurückerobert. Eine Frau, die während der ganzen Wattwanderung geschwiegen hatte, schüttelte sich und strich sich mehrfach über die Arme. *Ist ganz, ganz schön und auch wohl ganz schrecklich,* sagte sie.

Ich erzählte meiner Mutter, zurück in der sicheren Ferienwohnung, sehr lange vom Priel, dem Mose, dem ich begegnet war, und wie gefährlich es sei, sich ohne Wattführer ins Watt zu wagen. Meine Mutter legte nur den Kopf leicht schief und musterte mich lange, hielt währenddessen meine noch immer blaubleichen Füße in ihren warmen Händen gebettet. In der Nacht träumte ich von einer riesigen Welle, die auf mich zuraste. Mein Magen machte Sperenzchen. Aber es war ein glücklicher Tag. Das ja. Tief ins Gedächtnis eingebrannt. Ich hatte Mose getroffen. Den Mann mit dem Gottesstab.

Und ich genoss von da an jeden Atemzug. Kein Röcheln. Kein übermäßiges Engegefühl. Die »Atemschaukel« (Herta Müller) funktionierte. Aber wie gerne hätte ich ein kurzschnäuziges Seepferdchen beobachtet.

Ich erinnere das Glück meiner Töchter, wenn sie nach der bestandenen Schwimmprüfung den Sticker Seepferdchen auf ihre Schwimmanzüge klebten. Inzwischen tauchen verstärkt Seepferdchen auch im Watt wieder auf, wie mir berichtet wurde. Ein angelaufener Silberstreifen am Horizont.

Lesetipp:

- Mathijs Deen: Der Holländer. Aus dem Niederländischen von Andreas Ecke, Hamburg 2022.

Normandie

Die weißen Riesen und der Elefant an der Côte d'Albâtre

Les Petites Dalles – Normandie
Foto: Superjuju 10, Wikimedi Commons

Alabasterhaut – so lautete im Barock das Schönheitsideal adeliger Frauen, eine weiße, durchsichtig scheinende Haut mit leichtem, unaufdringlichem Glanz. Als Mineral kommt es, wenig exquisit, sehr häufig vor und ist eine Variante des Minerals Gips, ein Baustoff, auf den mein Vater als Asthmatiker besonders heftig allergisch reagierte. Ich habe mich in dieses Mineral in Gestalt der weißen Klippen in der Normandie verliebt, ein 120 km langer, mächtiger und erhaben-verspielter Küstenzug – dagegen sind die Kreidefelsen auf Rügen nur die bitterarmen Schwestern. Das schönste Küsten-Kino bietet Étretat: Guy de Maupassant deutete die *Falaise d'Aval* als einen weißen Elefanten, der den Rüssel ins

Wasser hält. Étretat war und ist ein Inspirationsort für Künstler – und wird im Sommer von Tagestouristen überflutet.

Wir verbringen einige Wochen im Jahr in der Nähe des kleinen Badeortes *Les Petites Dalles,* der sich von Touristenströmen auch nicht ganz freihalten konnte, weil hier 1874 im Schlosshotel die österreichische Kaiserin Sisi (franz.: Sissi) aus Gründen, die jedes Jahr in der Gerüchteküche delikat neu arrangiert werden, einen Sommer verbrachte. Deshalb liebe ich die Alabasterküste: Hitzeperioden fallen bescheiden aus, kein surrender und schnaufender Ventilator stört die Arbeitsruhe, häufiger gießt der Regen mit großer Lust und ein wenig angeberisch die meterhohen Hortensien mit ihren blauen und rosafarbenen Dolden. In der Badehütte am Strand (auf dem Foto die sechstletzte Hütte von links) habe ich einen prächtigen Blick auf die *Falaises,* die sich rechts und links stolz erheben. Häufig mache ich zusammen mit Barbara einen Spaziergang vom Dorf aus auf die Klippen und laufe zum nächsten Badeort, *Grandes Dalles,* dann auf dem Rückweg bei Ebbe am Meer vorbei, lege öfter eine Hand auf den Stein, der, anders als der kalte Marmor, die Hitze handwarm speichert. Marmor gegen Alabaster, kalter Logos gegen warmen Eros.

Auf dem Hinweg kommen wir an einer Stelle vorbei, die gefährlich nah an den Klippenrand führt. Keine Brüstung, nirgends. Diese Stelle hat eine traurige Berühmtheit, denn nahezu jährlich stürzen sich von diesem Punkt aus Menschen in die Tiefe, auch eine Frau, Mutter von zwei noch kleinen Kindern, die im Dorf in einer mächtigen Orangerie Einrichtungsgegenstände vor allem für die Ferienhäuser verkaufte. Häufig haben wir dort kleine Möbel und Seligkeitsdinge erstanden und uns kurz mit ihr unterhalten. Jedes Mal, wenn ich bei den Besuchen an der Alabasterküste am verwaisten Wintergarten vorbeifahre, verkantet sich mein

Atem. Noch immer steht das Gesicht der Frau mir konturenscharf vor Augen und verblasst nicht.

Bei Ebbe gehe ich gerne weit hinaus, um einen Weitwinkel-Blick auf die Klippen zu werfen. Ich lese sie als alte, leicht verwitterte Papiere, die eine mit wenigen Schnörkeln auskommende Handschrift, die sich eingeritzt hat, verraten. Oben am Rand sind Einkerbungen und Abbruchkanten auszumachen, dann wird die Schrift nahezu unleserlich, verlangt kreative Fantasie, um die Lücke sinnfüllend zu schließen. Aber es gibt auch Wundmale in der Schrift, dort, wo jüngere Abgänge helle oder bereits verwitterte Narben geschlagen haben. Eine neue Herausforderung für die Dechiffrierkunst. Eine kleinteilige Klippenschrift, die nicht einmal *Google Translate oder DeepL* entziffern können.

Natürlich warnen Schilder davor, sich bei Flut zu nah an den Steilfelsen vorbeizuzwängen. Und doch ist die Versuchung groß, den Handteller auf den warmen Stein zu drücken, sich mit dem Rücken in eine kleine Ausbuchtung zu lehnen, um die abstrahlende Wärme an Tagen, an denen die Wolken einen entschlossenen Spaß daran finden, sich dauernd vor die Sonne zu schieben, am ganzen Körper zu spüren, eine Umarmung, die auch erschaudern lässt, weil sie dem *Noli me tangere* nicht nachkommt.

Das Meer kennt an dieser Stelle ein eigenes Abstandsgebot, schützt sich vor dem Ansturm der Badewilligen durch den Steinstrand, eine kibbelige Barriere, die zunächst überwunden werden muss, bevor der Körper leicht wird. Wer ohne passendes Schuhwerk ins Wasser will, führt eine unwürdige Choreographie auf, die sich wiederholt, wenn der steinige Weg zurück aus dem Wasser zum Handtuch oder zur Badehütte ansteht. Ohne Würdeverlust kann man sich diesem Wasser nicht nähern. Der Steinstrand in *Les Petites Dalles,* darin unterschieden von den angeberischen Sandstränden in *Cabourg,* hält auf sich.

Und dann ist es doch einmal passiert. Der weiße Riese trompetete. Ich saß vor der Hütte, ein fetter Roman lag beleidigt, weil ich ihm keine Aufmerksamkeit schenkte, auf den Knien, ich döste etwas, blinzelte zum Strand, eingehüllt von dem tröstlichen Geschrei und Lachen der Badenden. Dann mischte sich ein zunächst leises, dumpfes Knarzen und Grollen in das festliche Lärmen und zerstörte als übermächtiger Trompetenstoß den Spaß. Plötzlich trat eine schauderhafte Stille ein, alle Köpfe richteten sich wie in einer geheimen Choreographie Richtung Klippen aus. Die Zeit dehnte sich im Schrecken, bis Namen gerufen wurden, ängstlich, oft kreischend. Gott sei Dank war noch Flut, die Orte, wo Kinder bei Ebbe nahe der Felsen häufig Muscheln suchten, waren unter Wasser. Durch das Megaphon forderte der Bademeister, vom Schreien alarmiert, dazu auf, einen Teil des Strandes zu räumen und Personen, die vermisst würden, sofort zu melden. Polizei und Feuerwehr erschienen. Ein Chaos blieb aus, der Schrecken geordnet.

Es war nicht eine markante Nase am Gipfelrand, die ich stets für riskant und abbruchgefährdet gehalten hatte, die sich nach Tiefe sehnte, sondern aus der Mitte der Klippe war ein mächtiger Teil abgerutscht. Wir standen lange in großen Trauben nebeneinander. Ein Hüttennachbar bot uns einen Calvados an, das ist der Tröster der Normandie. Jeder kannte eine Geschichte eines Abgangs, oft lagen sie Jahre, sogar Jahrzehnte zurück. Es würden einfach viel zu viele Tages-Touristen über den Grat wandern. Der vermaledeite Massen-Tourismus mache alles kaputt. Man müsse dringend, wirklich *dringend* ein Ticketsystem einführen. Anwohner natürlich ausgenommen. Ich nickte und bekam noch einen Calvados. Aber: Nein. Ganz verzichten wolle man nicht darauf, an den Klippen vorbei zum nächsten Badeort zu wandern. Im gebührenden Abstand natürlich. Und möglichst bei Ebbe. An diesem Abend waren die Restaurants, obwohl Nachsaison war, überfüllt. Ein rotes Absperrband erinnerte am nächsten Tag an das Beben. Erst am letzten Ferientag traute ich mich, zu der Abbruchstelle zu gehen und meine Hand auf das warme Gestein dieses weißen Riesen zu drücken. Aufgeschreckt und irritiert, verwundert und nachdenklich.

Und verzaubert.

Étretat, Falaise d'Aval, Der weiße Elefant
Foto: © zavgsg – AdobeStock.com

Lesetipps:

- Gert Heidenreich: Die Steinesammlerin von Etretat, Neuausgabe Hamburg 2004.
- Gert Heidenreich: Das Meer. Atlantischer Gesang, Weitra 2022.

München

1984. Nachdrücklicher Gruß von oben

Zertrümmerte Fensterscheiben durch verheerenden Hagelschlag in München, 12. Juli 1984
Foto: © picture-alliance/dpa | Frank Leonhardt

Auch außerhalb des Heiligenkalenders kennt das Gedächtnis im katholischen Bayern heilige Tage. Der 12. Juli 1984 ist für die Münchener so ein Tag. Plötzlich und unerwartet – die Wettervorhersagen vertrauten zu dieser Zeit noch eher den Bauernregeln – erreichte ein Hagelsturm München. Die TZ sprach von einer »Hagelwalze«. 200.0000 zerbeulte Autos. Die AZ brachte ein Bild, das nach dem Sturm den Ansturm der Autofahrer auf die Schadensstelle dokumentierte. 70.000 beschädigte Häuser wurden gezählt. Journalist*innen wählten martialische Bildwörter wie Bombardement oder Inferno. Zwei Menschen starben. Eine Schneeballschlacht im Himmel, die außer Kontrolle geriet? Oder wurde absichtsvoll geworfen? Ein Angriff auf Glas und Dächer und den kapitalistischen Autohimmel?

Peter Sloterdijk hat jüngst als Zeitzeuge an diese bestürzende Erfahrung in einem Interview erinnert und den Heiligkeits-Charakter herausgestrichen: »Irgendwann in den Achtzigerjahren erlebte ich einmal in München ein ungeheures Hagelgewitter, da war ich gerade mit einem Freund in meiner Wohnung in der Au. Da kamen fast faustgroße Hagelkörner herunter, fünf, sechs, acht Zentimeter im Durchmesser, mehr als eine Viertelstunde. Wir standen am Fenster, eine der Scheiben wurde zertrümmert. So unfassbar groß waren die Eisbälle. Auf der Straße waren sämtliche Autodächer zusammengeschlagen. Als es vorüber war, liefen wir auf die Straße, die war von einer hohen Eischicht bedeckt. Die Leute kamen alle heraus, es war wie ein Pfingstereignis. Wildfremde Leute umarmten sich und redeten miteinander wie nie zuvor. […] Ja, es war beinahe epiphanisch. Die Autos zerstört, das eigene Leben erhalten. Lektion verstanden. Der Himmel kann es doch. Das sind Geschichten, über die man nicht lange genug nachdenken kann, weil sie archetypische Erinnerungen einschließen, die genau das sagen, was kaum jemand verbalisieren mag: dass wir am Ende nur einander haben, nur uns selbst und die Nachbarn. Plötzlich sind wir bereit, Bündnisse einzugehen, mit unseresgleichen, angesichts des Erhabenen, das uns übersteigt.« (Sloterdijk: Himmel, 57) Auffällig auch das: Sloterdijk kann den Dank nicht adressieren.

Als ich wenige Jahren später mit meiner Familie in die Nähe von München an den Starnberger See zog, kam an schwülen

Sommerabenden immer wieder das Gespräch auf den 12. Juli 1984. Unglaublich. Tennisballgroß! Und man habe sich gegenseitig geholfen und schon am nächsten Tag wieder den Grill angeworfen. Sofern der noch in Takt war. Ja. Es gebe Größeres als man selbst. Daran müsse man sich immer wieder erinnern.

Inzwischen haben wir durch den Klimawandel öfter, bald vielleicht jährlich die zwiespältige Gelegenheit, vergleichbare Wetterphänomene zu erleben. Der Himmel kann es auch öfter. Jetzt regelmäßig.

Und hätten wir nicht bereits 1984 hellhöriger werden müssen? Waren wir nicht zu einseitig den Kasko-Versicherungen dankbar? Und gab es nicht auch einen Kasko-Vorbehalt? Die Sehnsucht nach einem Vollkasko-Leben triumphierte. Und die Natur da draußen? Längst gehört die fiebernde Natur in das vom französischen Soziologen Bruno Latour bereits vor Jahren geforderte *Parlament der Dinge*.

Lesetipps:

- Peter Sloterdijk: Wer noch kein Grau gedacht hat. Eine Farbenlehre, Berlin 2022.
- Nikolaj Schultz: Landkrank. Aus dem Englischen von Michael Bischoff, Berlin 2024. Schultz ist ein Schüler von Bruno Latour.
- Bruno Latour: Das Parlament der Dinge. Aus dem Französischen von Gustav Roßler, Berlin 2009.

Heusweiler

Lost places oder: Das vergessene Schwimmbad

Freibad Heusweiler
Foto: © Christoph Hornef

Natürlich ist es verboten. Für Unbefugte kein Zutritt! Aber ich bin lange in dem nicht gerade elastischen Wort *unbefugt* herumgeirrt und habe einen Zugang gefunden: Ja, ich bin befugt, habe eine Mission, bin von höherer Stelle beauftragt, die seltsam anziehende und abschreckende Atmosphäre dieses Ortes, ein Prachtexemplar der mir bekannten *lost places,* aufzusuchen. Der hoch konkreten Religionskunde wegen. Aber weil es in der Tat nicht ganz ungefährlich ist, waren wir zu zweit, schwer beschuht schoben Barbara und ich Gitter beiseite und eroberten uns, auf jeden Tritt achtend, das erstaunlich große Areal, auf einer kleinen, amikablen Anhöhe gelegen. Ein Geisterbad von beindruckender Präsenz.

Warum ist dieser *lost place* mir so lieb? Es ist die Farbe Blau, meine Lieblingsfarbe, die überall die Aufmerksamkeit der Augen anzieht – der Maler Franz Marc (der mit den blauen Pferden) identifizierte das Blau als Farbe des Geistigen. Hier ist das Blau zunächst die Farbe des Abstiegs, der Bewegung nach unten, es ist der umgestülpte Himmel, in den man früher hineinspringen konnte und sofort die Erdenschwere verlor und leicht wurde: auf dem Rücken im Wasser liegend, den Himmel unter und über uns. Eine Metaphysik des Schwebens. Lustvolles Baden im Unendlichen. Der Schwimmer im hellblauen Bassin ist das tragende Zwischen der zwei Himmel.

Freilich muss das Wasser eingelassen sein, um ins Schweben zu finden, wer hier, im vergessenen Freibad Heusweiler, in die Tiefe des Himmels springt, kommt nicht unbeschadet unten an. Sogar Startblöcke und die Springtürme sind noch erhalten – im ehemaligen Kohlerevier des Saarlandes liebt man (Förder-)Türme –, wer sich hier früher selbst hinaufbeförderte, um todesmutig ins Nass zu springen, um den Kitzel von Spaß und Erschrecken, den *Thrill* heraufzubeschwören, durfte kein Feigling sein. Ich habe den Sprung vom Fünfer auf den Zehner im Nordhorner Freibad nie geschafft, meine Füßen weigerten sich partout, die Leiter höher zu steigen – ich konnte sie beim besten Willen nicht überreden und prompt wurde ich von meinen Freunden geneckt und aufgezogen.

Wer diesen Eindruck oder die prächtigen Bilder auf sich wirken lässt, dem wird auf einen Schlag klar: Die *lost places* vergessener Schwimmbäder waren mutmaßlich die Inspirationsquelle für den Modetrend *Vintage* (*Shabby chic* ist die korrupte Schwester), für das leicht unvollkommene Einzelstück, für Lebensspuren, die sich eingekerbt haben, für die Liebe zum Abgeschabten, Unperfekten, als wolle man in der eigenen Wohnung durch vernarbte Möbel eine inszenierte Ärmlichkeit aufrufen, um nicht als neoliberaler Spießer zu gelten. Nein. Man bekennt sich zur Demut, will die Spuren der Vergänglichkeit nicht aus dem Alltag vertreiben. *Vintage* ist immer auch eine spätmoderne Form des *memento mori* und gleichzeitig Sehnsucht nach der Unendlichkeit. Retro-Romantik.

Caspar David Friedrich (1774-1840) »Abtei im Eichwald«, 1809/1810, Öl auf Leinwand, 110,4 x 171 cm, Iventar-Nr. NG 8/85, Berlin, SMB, Nationalgalerie; © der Vorlage: akg-images.de

Mit dem Auge des Fotographen wird aus der Ruine des Schwimmbeckens mit dem frech in die untere Etage eingezogenen Baum, der inmitten des geflicsten Bodens spürsicher Erdreichkontakt gefunden hat, eine späte Antwort auf Caspar David Friedrichs (1774-1840) Gemälde *Abtei im Eichwald* gegeben, denn auch hier holt sich der Wald die Ruine schleichend zurück, haust sie beinahe behütend ein, wird zum Bild des Zyklus von Tod und Leben. Solch eine Atmosphäre, die den Siegeszug der ausschweifenden

Natur bebildert und an die Vergänglichkeit erinnert, hält nicht jeder aus. Diese leicht morbide Atmosphäre dürfte ein Grund für den grassierenden Zerstörungswahn sein, dem *lost places* ausgesetzt sind, es ist hier in Heusweiler nicht nur die Wut auf die (Lokal-)Politiker, die die Oase des Bade-Genusses aus irgendwelchen ominösen Spargründen schließen ließen, die sich hier austobt. Und die Graffitis machen aus den verwaisten Räumen noch keine bunte Säulenhalle.

Vergänglich, das lässt sich hier erkunden, sind auch technische Meisterleistungen, denn dieses Bad konnte, als es noch in Betrieb war, kostenlos beheizt werden. Ein kleines Wunder. Darüber klärt in dem präzisen Dokumentarfilm von Christoph Würzburger *LOST PLACES. Im Bann des Verfalls – Geheimes Leben in vergessenen Ruinen*, ausgestrahlt vom SWR – der interviewte ehemalige Bademeister Dieter Harmsen auf: Etwas oberhalb hatte der *Saarländische Rundfunk* zwei Sendetürme installiert, die die *Europawelle Saar* ausstrahlten. Die damalige Röhrentechnik benötigte viel Wasser, um die Röhren abzukühlen, also wurde kurzerhand mit dem anfallenden warmen Wasser das Wasser im Schwimmbad – im Außenbereich auf 30° – aufgeheizt. 30°! Das Problem: Bei heißem Wetter stieg der Wärmepegel, dann gab es Rabatz, wenn das Schwimmbad nicht genug Wärme abnahm, aber, so der Bademeister Harmsen mit landesüblichem Witz entschuldigend, da war dann auf Seiten des Schwimmbads nichts zu machen, man wollte ja *keine Suppe kochen*.

Immer häufiger blieben wir nach einer ersten Erkundungsrunde durch das weitläufige Gelände stehen, beinahe andächtig versunken, nachdem wir zunächst überschwemmt wurden von der Macht der Bilder und auch der andrängenden Wut derjenigen, die diese von der Natur gemalten Bilder zerstören wollten. Ein Lust-Ort für Bilderfeinde und Bilderfreunde gleichermaßen.

Menschengemacht ist das Chaos, apokalyptisch wirkt der Ort durch den Vandalismus, nicht durch die Natur, hier ist die Natur eine stille Kunst der Wiederverzauberung. Und Caspar David Friedrich war ihr früher Zauberer.

Tagträumend konnte man jetzt die Stimmen der ehemals hier Badenden hören, man sah Kinder mit Langnese-Eis, glücklich unterwegs mit dem Favoriten Ed von Schleck (und den überanstrengten Werbesprüchen: *Mach doch keinen Leckmeck, sonst schleck ich dich vom Fleck weg*), notfalls tat es auch das Dolomiti-Eis. Der Geruch von Piz Buin-Sonnenöl oder Tiroler Nussöl in der Nase, das Lilablau der Nivea-Bälle im Augenwinkel (Nivea hat Niveau). Und vor sich Pommes, die soeben dem alten Fett entkommen waren.

Lost places sind Orte der Wiederverzauberung. Das ist deutlich mehr als die »zärtliche Gleichgültigkeit der Welt«, die Albert Camus im Roman *Der Fremde* zugesteht. Die Natur selbst schafft eine Umwandlung. Dank ihrer Großzügigkeit und Fülle. Max Weber, der Soziologe der Entzauberung, wäre ins Schwärmen geraten. Wir schlichen glücklich hinaus und schoben die Gitter wieder vor. Der Unbefugten wegen.

Leider ist dieser verzauberte und verzaubernde Ort inzwischen durch eine gesichtslose Neubausiedlung ersetzt worden. Immerhin gibt es viele Wärmepumpen zu bewundern.

Der Lärm der Guten.

Habecksche Symphonie.

Reisetipp:

- Beelitz Heilstätten. Vom Baumwipfel-Pfad aus lassen sich die prächtigen Ruinen der Heilstätten, von der Natur eingehegt und zurückerobert, bestaunen.

Uelsen

Schwindel auf der Himmelsleiter

Staatsbibliothek zu Berlin, Allgemeiner Lesesaal
Foto: © bpk | Jörg F. Müller

Dort, als ich spürte, wie ein Glänzen in meinen Augen Einzug hielt und den beginnenden grauen Star in die Abteilung Fauna vertrieb, im Angesicht dieser wunderbaren Buchreihen in der neuen Staatsbibliothek in Berlin, überkrönt von einer Glasdecke aus Licht, damit auch die Unsterblichen schräg von oben diesen Anblick genießen können, dort, nur wenige Wochen, nachdem die Corona-Fessel gelockert worden war, stieg schlagartig eine Erinnerung in mir hoch. Ich war zehn Jahre alt. 1968. In Paris und Berlin wurde Revolte geprobt. Bei uns auf dem Dorf gab es ein anderes, prägendes Ereignis: Ein neuer Pastor hielt Einzug, der vorher sieben Jahre als Missionar auf Sumba in Indonesien – der Westteil der Insel: Niederländisch-Neuguinea war bis 1961 niederländische Kolonie – gearbeitet hatte. Ihm ging ein gewaltiger Ruf voraus. Und dann: Die erste Predigt in einer völlig überfüllten Kirche. Wir alle hingen an seinen Lippen und vergaßen unsere Pfefferminze. Er war groß, ihm fehlte der Wohlstandsbauch, volles, leicht gewelltes Haar, ein fokussierender Blick und eine Stimme, die ganz unterschiedliche Tonlagen kannte. In jedem Augenblick der halbstündigen Predigt spürte auch ich als Zehnjähriger: Er hat etwas zu verkünden, er hat eine Sendung, wenn er uns zunächst klein machte und uns schnaubend als Sünder entlarvte, um anschließend mit seiner vollkörnigen Stimme, die uns mit Trost und Erlösung fütterte, unserem Blick erlaubte, sich demütig zur Kanzel zu erheben. Das Schwarzbrot der Heilsverkündigung. Und hinterher der Stolz in den Augen der Gottesdienstbesucher: Jedes Gemeindemitglied (er war einstimmig gewählt worden) hatte den richtigen Pastor auserkoren. Nun gut: Und Gott den richtigen geschickt. Mit einem seiner Söhne in meinem Alter, mit Fritz, freundete ich mich langsam an. Später haben wir in einer gemeinsamen Wohnung in Münster mit dem Studium der Evangelischen Theologie und Philosophie begonnen und Abnabelung geübt. Nach zwei Jahren zog es mich zum Studium in die Niederlande, dem Land meiner Vorfahren väterlicherseits.

Von einigen Gemeindegliedern, die beim Einzug der Familie ins Pastorat geholfen hatten, hörte ich von einer riesigen Bibliothek, die alle Wände des Studierzimmers bis zur Decke einnehme. *Das isoliert wohl gut und hält schön warm*, sagte einer der Helfer nach einem Gottesdienst zu meinem Vater. Mein Vater, der die Baustoffe zum Umbau des Pastorats beigesteuert hatte, nickte leicht abwesend mehrfach. Es dauerte lange, bis ich Einlass bekam. Das Studierzimmer war alltags Sperrbezirk. Dann stand ich plötzlich doch in diesem Zimmer vor dieser mächtigen

Büchersammlung, drehte mich einmal langsam um die eigene Achse, mit eingezogenem Kopf und offenstehendem Mund, vollständig überwältigt. Der sprachgewaltige Pastor blieb zunächst stumm, gab mir ein aufmunterndes Zeichen, die Bibliotheksleiter hochzuklettern. Als ich leicht zitternd oben angekommen war, erlaubte er mir, ein Buch herauszuziehen, egal welches. Alle Bücher schauten mich an und wollten angerührt werden. Lange konnte ich mich nicht entscheiden, welches ich wählen sollte, nahm dann ein schmales Buch, vielleicht, weil ich Angst verspürte, ein dickes Buch könne mir auf dem Weg rückwärts von der Leiter entgleiten. Es war ein Buch von Hermann Friedrich Kohlbrügge, der Name sagte mir nichts. Ich schlug es vorsichtig auf. Der Pastor meinte, ich solle an den Seiten riechen. Ich nahm also einen hörbar kräftigen Zug, die erste Nase mit dem Geruch nach altem Papier: Essig, war die erste Reaktion, ein wenig roch es nach Kompost. Bücher muss man gut riechen können, sagte der Pastor lachend und nahm mir das Buch wieder ab. Ich nahm allen Mut zusammen und traute mich zu fragen: *Haben Sie die Bücher alle vollständig durchgelesen? Nein, nein,* sagte der Pastor, und hob wie zur Entschuldigung die Arme, *es sind auch viele Lexika dabei und Gesamtausgaben von Theologen, die ich schätze, von Karl Barth etwa, den Namen musst du dir unbedingt merken. Aber sogar von ihm habe ich nicht alle Bände gelesen. Aber alle diese Bücher passen auf mich auf, damit ich keinen Unsinn schreibe und sonntags Unsinn predige. Dann schauen sie mich am Montag ganz böse an und ich muss mich schämen. Die Bücher können ganz schön streng sein.*

Ich war noch Minuten nach dem Besuch im Allerheiligsten des Hauses überwältigt, spürte zugleich die vielen Augenpaare der Bücher, die noch immer auf meinem Körper saßen, spürte die Überforderung durch das Wissen, das sie hüteten. Machte es überhaupt noch Sinn, Bücher zu schreiben, wenn es bereits so viele Bücher gab? War das nicht Hochmut? Aber ich war seit der Begegnung mit den Bücherbergen infiziert und wurde ein unrettbarer Büchertrinker. Ja. Klar. Auch ich besitze inzwischen das beinahe 10.000 Seiten umfassende Hauptwerk von Karl Barth, *Kirchliche Dogmatik*, und sehr viele Bände seiner Gesamtausgabe. Aber ich bin trotzdem kein Anhänger von Karl Barth geworden. Mein Pastor, der später in den Niederlanden an der Universität für ein Studienjahr mein Professor für Neues Testament wurde, hat mir meinen späteren Schlenker zur Aufklärungstheologie und zur (post-)liberalen Theologie nie verziehen. Er hat es als persönliche Kränkung empfunden. Auch als wir längst Kollegen waren – er wechselte nach meiner Berufung zum Professor zum förmlichen Sie und ließ sich nicht mehr davon abbringen –, blieben die wenigen Gespräche, Briefe und Emails höchst angespannt. Nur ganz kurz vor seinem Tod schrieb er mir: *In Gottes Haus sind viele Wohnungen. Lassen wir es dabei bewenden und gut sein.* So sein versöhnliches Adieu. Aber er war es, der mir die Liebe für die Bücher einpflanzte.

Inzwischen habe ich eine viele tausend Bände umfassende Bibliothek – und fürchte mich vor jedem Umzug. Und immer mal wieder, wenn ich vor den Bücherbergen stehe oder eine neue Bibliothek besuche, spüre ich erneut die Angst, das Moment des *tremendums*, wenn die Bücher mich einladend anstarren. Es gehört sehr viel Mut (und Hochmut?) dazu, neue, sogar leicht adipöse Bücher zu schreiben. Aber beim Schreiben ist das *tremendum* vergessen. Das Faszinosum überwiegt. Es ist ein überwältigendes Gefühl von Freiheit.

John Updike, der Romancier der Mittelschicht-Ehen in Amerika und über viele Jahre einer meiner Lieblingsautoren, hat irgendwo einmal geschrieben – ich meine in seinen Erinnerungen *Selbst-Bewusstsein*, bin mir aber nicht sicher und finde aktuell das

Buch nicht –, etliche Ehen seien nicht geschieden worden, der gemeinsamen Bibliothek wegen.

Ja. Das kann ich lebhaft nachvollziehen. Dieser Kit ist großartig. Und die Bücher wattieren zugleich die Wände. Inzwischen sogar Co2-neutral. Eine Entlastung für Buchtrinker wie mich.

Lesetipp:

- Umberto Eco: Die Kunst des Bücherliebens. Aus dem Italienischen von Burkhart Kroeber, Berlin 2009.

Übung 1
Wahrnehmen mit dem Leib

Soweit der erste Strauß religiöser Erfahrungsszenen, die mit Rudolf Otto (und seinen hoch diversen *followern*) jeweils durch eine Erfahrungs*qualität*, nämlich die Erfahrung von *Tiefe* in der Gleichzeitigkeit von *Faszination und Erschrecken*, ausgewiesen wurde. Jetzt geht es mir um den Resonanzkörper, der auf diese Erfahrungen reagiert: Es ist der *spürende Leib*. Und sein ingeniöser Sprachlehrer ist der Zeit seines Lebens in Kiel lehrende Philosoph Hermann Schmitz. Mit einer schnittigen These betrat er ab Mitte der 50er-Jahre die Bühne: An Heidegger erinnernd, sprach er nicht von einer *Seinsvergessenheit*, sondern von einer *Leibvergessenheit*. Und statt von *Sein und Zeit* ist künftig von *Sein und Raum* die Rede. Lange von der Ellbogengesellschaft der eigenen Zunft großzügig übersehen, schuf er in den folgenden Jahrzehnten ein prächtiges, viele tausend Seiten umfassendes *System der Philosophie*. Systemsprenger waren andere. Nur wenige unerschrockene Kollegen wie Gernot Böhme, Peter Sloterdijk, Hartmut Rosa und Thomas Fuchs ließen sich von seiner *Neuen Phänomenologie* kräftig inspirieren, inzwischen, reichlich verspätet, zählt er, als Leib-Phänomenologe gelabelt, zu den großen Gestalten der Philosophie des 20. und beginnenden 21. Jahrhunderts. Seine Neue Phänomenologie untersucht unwillkürliche Lebenserfahrungen, die vom spürenden Leib vortheoretisch wahrgenommen werden. Hermann Schmitz ist zu meiner Brille geworden und mit dieser aufgesetzten Brille will ich in drei Schritten Übungen vorschlagen, die helfen, den totgeschwiegenen *Leib als Wahrnehmungsorgan* zum Sprechen zu bringen. In Klammern gebe ich Fundstellen aus seinem Werk an, die Ihnen als Lesende zusätzliche Lesehilfen bieten. Ich schlage vor, einen Kanon von leibphänomenologischen Grundfragen zu besprechen, die sich immer wieder stellen. Als drei Portalbegriffe dienen mir der *spürende Leib; die Einleibung; die spielerische Identifizierung*. Darum herum ranken sich andere Fragen.

Was versteht heutige Leibphänomenologie von Rang unter einem spürenden Leib? Und wie ist das Verhältnis des Leibes zum Körper zu bestimmen? Wie weit reicht der spürende Leib und was erspürt der Leib? Was sind subjektive Tatsachen? Warum sind Gefühle Atmosphären, die erspürt werden? Ist der spürende Leib religionsoffen? Wie lautet das Ur-Existenzial, die leibliche Basisstruktur des Leibeslebens? (Ich spoiler mal: der Atem!) Was besagt die These: Kommunikation sei Einleibung? Und wozu benötigen wir die Fähigkeit spielerischer Identifizierung? Ist auch eine finale Ausleibung vom Körper, also Ewigkeit denkwürdig? Gibt es einen unsterblichen Leib?

Um einen ersten Zugang zum spürenden Leib zu bekommen, hilft eine kleine *Übung*, ein kleines Experiment, das Sie als Leser*innen nachspielen sollen, bitteschön. Versuchen Sie also, an sich selbst hinunterzuspüren, vergleichbar der Aufforderung an sich selbst hinunterzusehen oder hinunterzutasten, aber jetzt ohne die Augen und die Hände zu benutzen, und auch ohne Vorstellungsbilder, die Sie durch früheres Betasten und Besehen erworben haben. Sie werden sofort merken: Es geht nicht. Allenfalls begegnen Ihnen beim Spüren einzelne unverbundene Inseln, mal dichter, mal dünner verteilt. Es gibt keinen scharfen Umriss und auch keinen ganz beständigen Ort dieser Leibesinseln, vielmehr scheinen sie sich stetig zu wandeln. Oder: Führen Sie die Übung an einem Körperglied, etwa dem Fuß durch. Aus der optischen und taktilen Erfahrung herkommend kennen wir die Gliederung, die sich zwischen Ferse und Zehen erstreckt. Versucht man, den Fuß zu spüren, dann entdeckt man allenfalls am Fußknöchel und an der Sohle, vielleicht am Gelenk eigene Leibesinseln. Einen Gesamtfuß, wenn also sich die Leibesinseln zu einem Fuß verschmelzen, erspüren Sie vielleicht ungewollt nach einer strapaziösen Wanderung im Karwendel-Gebirge, wenn der Fuß nach der Anstrengung – vielleicht auch schlechtem Schuhwerk geschuldet – kräftig anschwillt und als taube, diffuse, müde und schmerzende Masse gespürt wird. (Vgl. UG 119) Hier in meiner Wohnung in Berlin in der Yorckstraße zieht soeben (24.09.2022) der Berlin-Marathon bei Kilometer 20 an meinen Fenstern vorbei. Ich staune über die durchweg teuren, bereits eingelaufenen Schuhe, die den Stress an den Füßen minimieren sollen. Schuhe sind solide, wenn der Fuß am Abend nicht als ganzer gespürt wird. Und ich staune über die Eleganz, mit der Läufer die angebotene Verpflegung aufnehmen, ohne abzubremsen.

So. Und jetzt die Übung konzentriert ausführen, bitteschön. Wer Lust dazu hat, kann die Erfahrung, auch die Erfahrung einer Bergwanderung protokollieren. Was haben Sie auf dem Gipfel ins Gipfelbuch (sofern eines auslag) oder in Ihr Tour-Buch geschrieben?

Mit dieser Übung haben Sie die erste Lektion leiblichen Spürens bereits absolviert. Der spürende Leib besteht aus *Leibesinseln.* Wie diese insgesamt zusammengehalten werden, ist zunächst eine offene Frage. Ich gebe aber bereits einen Hinweis: Im Schreck, in der Verwunderung, in der Angst, im Schmerz haben Sie eine Erfahrung von Einheit: Hier entsteht Neues! Hier nistet die Kreativität. Schmitz nennt zugleich ein behagliches Bad in der Badewanne, dann, wenn der ganze Leib vom Wasser umspielt wird.

Das Verb *spüren* verrät: Unser Leib ist grundsätzlich offen dafür, leiblich affektiv betroffen zu werden. Das ist neu gedacht: Der Leib ist der *»universale Resonanzboden«*, alles Betroffensein hat zunächst dort seinen Sitz. Der spürende Leib ist ein Wahrnehmungsorgan. Als Person bestimmt sich der Mensch im Verhältnis zu seiner Leiblichkeit. (Vgl. UG 116) Die Pointe: Schmitz vermeidet den Dualismus von Innen und Außen, leistet Verzicht auf Innenwelten, schickt, ein zunächst irritierender Vorschlag, die Seele in Rente. *Primo loco* ist der Leib Ort des Weltkontaktes. Alles dringt anfänglich von außen an den Leib heran. Die Leibphänomenologie favorisiert deshalb den Begriff der *Atmosphäre*, um die *Räumlichkeit von Gefühlen* deutlich zu machen: Gefühle sind räumlich ergossene, überpersönliche Atmosphären, die den spürenden Leib ergreifen. Sie besitzen eine Macht und Kraft, die uns heimsuchen als affektives, sprich: leibliches Betroffensein; sie können vergleichbar einem Wetterphänomen *in der Luft liegen* oder sie verdichten sich als objektive Gefühle in oder um Gegenstände, die wir wahrnehmen können. Oder aber: Diese Atmosphären inkarnieren sich exemplarisch in Personen, die für eine Generation zu Role-Models werden oder die Zeiten überdauernd Bestand haben (etwa Moses, Sokrates, Jesus, Mohammed, Buddha, Martin Luther, Johannes Calvin, Gandhi, Albert Schweitzer, Martin Luther King). (Vgl. SdP III/4 80ff.)

Diese Sicht ist zunächst neu und ungewohnt. Ich will einige typische Situationen nennen und beschreiben, um die *Räumlichkeit der Gefühle* plastischer vor Augen zu malen. Wenn jemand, der zum Platzen mit prächtigen Neuigkeiten gefüllt ist, die er dringend mitteilen will, in eine Situation hineingerät, in der eine Atmosphäre der Verlegenheit herrscht, dann schlägt ihm ein Klima der Betretenheit entgegen, das seine Mitteilungsfreudigkeit sofort kassiert und das Wort erstirbt auf den Lippen. (UG 293) Oder: Wer vielleicht niedergeschlagen in eine mit echter Freude (nicht Albernheit) aufgeladene Atmosphäre eintaucht, die ihn auch leiblich richtig packt und ansteckt, macht eine erhebende Erfahrung und sein Alltag wird neu, nämlich ebenfalls freudig getönt. Vielleicht hält diese freudige Grundierung sogar länger und nachhaltiger an. Oder: Um eine mächtige Eiche kann sich eine *Atmosphäre der Stille* verdichten, die eine Wanderin oder einen Wanderer ergreift und zu einem achtsamen Halt bewegt. Sogar ein veritabler bayerischer Ministerpräsident wie Markus Söder traut sich dann, andächtig eine Eiche zu umarmen. Für einen Leib-Phänomenologen oder eine Leib-Phänomenologin nachhaltig lobenswert: *Give me a hug, please.*

Die leibphänomenologische Philosophie geht also aus von *elementaren Widerfahrnissen affektiver Betroffenheit.* Mit dieser Passivität fängt zunächst alles an. Ich werde in Situationen affektiver Betroffenheit leiblich involviert oder verstrickt. Diese gespürten Situationen des affektiven Betroffenseins sind *subjektive Tatsachen* (UG 7 u.ö.), die Menschen erlauben, im Prozess der Selbstwerdung auf sich aufmerksam zu werden. Ist jemand affektiv von etwas betroffen, dann spürt er sich fraglos selbst und kann auch im eigenen Namen davon Auskunft geben: Ich, Klaas Huizing, bin fröhlich, traurig, besorgt, euphorisch oder gleichermaßen fasziniert und erschrocken. (Vgl. WdM 15f.)

Im Unterschied *zu den subjektiven Tatsachen* können *objektive Tatsachen* dagegen von jedermann ausgesagt werden, der als Beobachter hinreichend Informationen über einen Sachverhalt besitzt. *Subjektive Tatsachen* sind diejenigen Tatsachen, in denen wir auf die Wirklichkeit gestoßen werden, hier geht mir etwas leiblich nahe, trifft mich ganz persönlich, ich bin fraglos *involviert,* habe unmittelbaren Kontakt mit der Wirklichkeit. Aber wir sind diesem affektiven Andrängen von Gefühlslagen nicht hilflos ausgeliefert, sondern können darauf *selbstwirksam* reagieren, etwa so, dass man die andrängenden Gefühle, *bad vibrations* etwa, abwehrt, abschwächt oder umsteuert. Wir sind der Macht von Atmosphären nicht vollständig ausgeliefert! Wir können die andrängenden Gefühle auf ihre Lebensdienlichkeit hin prüfen, um sich darauf einzulassen. Das Ergriffensein, auf das mit einer erlernten Tüchtigkeit reagiert wird, kann dann zu einer *Transformation* führen, vielleicht zu einer neuen Lebensorientierung, die sich durchhält und bewährt.

Einen aufgeklärten und regulierten Umgang mit affektiver Betroffenheit lässt sich sehr gut im Rekurs auf die Kunst *einüben*. Kunst dient, trotz der immersiven Kräfte, die sie auszeichnet, auch als *Distanzfilter*, erschließt eine *Distanz in der Betroffenheit*: Ich kann jederzeit aus der spielerischen Identifizierung mit dem Personal in Filmen, Theaterstücken, Romanen aussteigen, etwa, weil mich die Geschichte zu sehr mitnimmt, oder weil sie mich langweilt, mich nicht anspricht oder Kitschgefühle aufruft, die mich nerven. Ich kann aber auch mitspielen und etwa den emotionalen Umgang mit Schlüsselsituationen in sicherer Distanz einüben, kann mich irritieren lassen und spüre vielleicht vom Personal einer Szene mein Selbstbild irritierend hinterfragt. Vielleicht mit Folgen für mein Leben.

Startet Philosophie mit dem spürenden Leib, dann wird auch leichthändig vom Leib aus ein Zugang zu religiösen Fragen erschlossen. Die oben beschriebenen Heiligkeit-Szenen deuten Religion als das Spüren einer Erfahrungs*qualität*. »Religion ist Verhalten aus Betroffensein von Göttlichem« (UG 442) – so lautet die knappe Definition von Hermann Schmitz. Der Philosoph Gernot Böhme hat wiederholt daran erinnert, dass Schmitz die *griechische Göttererfahrung als eine Anmutung von Gefühlsmächten* (vgl. Böhme: LaA 57) gedeutet und diese Deutung zugleich in einen kreativen Austausch mit der jüdischen und christlichen Gotterfahrung gestellt hat. Götter- und Gotterfahrung als Anmutung von Gefühlsmächten zu deuten eröffnet breite Wege, einen längst in die Krise geratenen theistischen Gottesbegriff zu vermeiden oder radikal umzuformen. Ich will die Pointe nochmals herausstellen: Wenn der Leib der ursprüngliche Resonanzraum ist, wo das Heilige gleichsam anstrandet und zunächst gespürt wird, dann ist das vom Soziologen Max Weber in Umlauf gebrachte Bonmot, er sei religiös unmusikalisch, ein Bonmot, das auch Jürgen Habermas gerne im Munde führt, unterkomplex, weil ein oft verstaubtes, metaphysisches Gottesbild dem Verständnis im Wege steht. Im Ausgang vom spürenden Leib sind wir offen für religiöse Erfahrungen. Aber auch das gilt: Die Erfahrungs*qualitäten* von religiöser Erfahrung *verlangen eine Prüfung durch die Vernunft*. Als Anhängerin einer universalistischen Ethik, die für eine Theorie guten Lebens meiner Einschätzung nach weiterhin attraktiv ist, prüft die Vernunft, ob die gemachten Erfahrungen sozial lebensdienlich sind oder aber ausgrenzen, rassistisch und versteckt kolonialistisch getränkt sind. Das ist neu: Hier ist die Vernunft nicht dazu da, den Leib zu dominieren, sondern die Vernunft dient ›nur‹ dazu, den existenziellen Ernst und die Tiefe der Erfahrung anhand der genannten Kriterien zu prüfen und für den eigenen Lebensentwurf zu bewerten.

Ich will auf ein Problem aufmerksam machen, das Sie vielleicht längst entdeckt haben: *Wie wird Phänomenologie sprachfähig und konsensfähig, wenn man von den subjektiven Tatsachen des jemeinigen spürenden Leibes ausgeht?*

Der Ausgang von den *subjektiven Tatsachen* des Spürens bietet leicht Anlass zu Missverständnissen. Zwar ist es mein unvertretbarer Leib, der spürt, aber selbstredend geht es um die intersubjektive Verständigung über diese Phänomene, deshalb horcht die Leibphilosophie viele Quellen und Archive fremder Lebenserfahrungen danach ab, ob sich *Konvergenzen* zeigen lassen (vgl. UG 34). Das ist auch Ihre *Aufgabe*: Rufen meine emotionalen Skizzen von Heiligkeitserfahrungen bei Ihnen Konvergenzen auf? Klingelt es? Können Sie hier andocken? Selber Geschichten beisteuern? Selber Geschichten niederschreiben? Geschichten aus Ihrem Bekanntenkreis sammeln? Lassen Sie Ihren spürenden Leib zu Wort kommen, notieren Sie ganz alltägliche Geschichten.

Abgerufen werden deshalb von der Neuen oder Kieler Phänomenologie zahlreiche Selbstlebensbeschreibungen – auch pathologische Selbstlebensbeschreibungen –, abgehorcht wird zugleich die riesige Bibliothek schöner Literatur. Der Philosoph als Geheimagent der Literatur! In der Tat: Weil der Leib so lange verdrängt wurde, ist auch die Sprachfähigkeit für diese Phänomene noch ausbaufähig, denn nur, wenn diese unwillkürlichen Erfahrungen sprachfähig werden, kommen sie als Lebensmöglichkeiten für viele Menschen überhaupt erst ans Licht. (vgl. NP 25f.) Ziel ist es, den Menschen das je eigene wirkliche Leben begreifbar zu machen. (KE 7)

Auch Gernot Böhme hat in dieser Frage für Aufklärung gesorgt: »Dass Leibphilosophie im Medium des Sich-Spürens untersucht wird und dass Leibphänomene subjektive Tatsachen sind, heißt nicht, dass die Erkenntnisse, die man über Strukturen leiblichen Daseins gewinnt, nicht intersubjektive Geltung beanspruchen könnten. Das, *was* jeweils erfahren wird, die entscheidenden Charakteristika und strukturellen Zusammenhänge können durchaus allgemein sein und man wird sich auch darüber intersubjektiv verständigen können. Die Subjektivität liegt eben *nicht* in speziellen Nuancen des Sachverhalts, sondern in der Involviertheit der jeweiligen Person. Das aber heißt auf der anderen Seite, dass die subjektiven Tatsachen allgemein und die subjektiven Tatsachen leiblichen Spürens im Besonderen nur sind, was sie sind, wenn man sich auf sie einläßt – das heißt aber, dass für die Frage, welche leibliche Erfahrung man macht, konstitutiv ist, wie man sich zu sich selbst verhält.« (Böhme: LaA 47f.). Anders gewendet: Es geht um das Involviertsein des Menschen, den Primärkontakt mit der Wirklichkeit: Ich spüre am Leib eine Mattigkeit oder kribbelige Anspannung, Lust, Enge, Weite etc.

Wir Leib-Phänomenologen versuchen, *Ur-Existenziale* leiblichen Lebens zu beschreiben, die auf intersubjektive Verständigung angelegt sind. Sein Ur-Phänomen oder Ur-Existenzial hat Hermann Schmitz bei Goethe abgelauscht, nämlich das *eigenleibliche Spüren des Ein- und Ausatmens*. Bei Goethe heißt es:

»Im Atemholen sind zweyerley Gnaden:
Die Luft einziehn, sich ihrer entladen.
Jenes bedrängt, dieses erfrischt;
So wunderbar ist das Leben gemischt.
Du danke Gott, wenn er dich preßt,
Und dank' ihm, wenn er dich wieder entläßt.«

Mit dieser Strophe endet das Gedicht »Talismane«, also heiliger oder geweihter Gegenstände, die man mit sich trägt und die das Leben begleiten. Aufgenommen wurde es in der Gedichtsammlung des »West-Östlichen Divan«, dort stellt sich Goethe den Lesenden als ›Handelsmann‹ vor, der den Orient bereist. Dirk von Petersdorff hat in der Frankfurter Anthologie der FAZ zur Eröffnungszeile (ich habe Ihnen den online-Link im Literaturverzeichnis angehängt) notiert: »›Gottes ist der Orient! / Gottes ist der Occident!‹: Das ist die Übersetzung eines Koran-Verses (Sure 2, 142), und indem Goethe nicht ›Allah‹ sagt, sondern ›Gott‹, öffnet er diese Aussage auch für seine christlichen Leser. So entsteht ein Talisman, der für Angehörige beider Kulturen brauchbar sein soll.« Präzise beschreibt Petersdorff die Bewegungssuggestionen, die dem Gedicht beigegeben sind und den Atem abbilden: »Besonders reizvoll ist der letzte Talisman, der von einem der elementarsten körperlichen Vorgänge, dem Atmen, handelt. Die Atmung nehmen wir in der Regel gar nicht wahr, aber das Gedicht macht sie wahrnehmbar, und zwar durch den Rhythmus: Während in den vorhergehenden Strophen betonte und unbetonte Silben gleichmäßig wechseln, gibt es hier doppelte Senkungen. Damit wird die Bewegung des Atmens rhythmisch mitvollzogen, denn das Ausatmen dauert länger als das Einatmen, und dieses längere Ausatmen bildet die Daktylen ab. Goethe verbindet die Erfahrung des Atmens auch mit dem Lebenslauf des Menschen. Die Doppelbewegung des Einziehens und Entladens entspricht bedrängenden und erfrischenden Erfahrungen, und anschließend wird gesagt, dass der gesamte Lebenslauf im Rhythmus eines sozusagen göttlichen Atems stattfindet: Der Mensch wird zusammengepresst, erfährt also Leid oder eine besondere Intensität, um anschließend aus dieser Konzentration auch wieder entlassen zu werden.« (Petersdorff, Frankfurter Anthologie, FAZ) Leibliche Lebendigkeit verdichtet sich im geschenkten Ur-Existenzial des Atmens, bei Schmitz ausgedeutet durch Enge und Weite.

Neulich hat, eine wunderbare Kreuzung der Ideen, Navid Kermani in einer Veröffentlichung auf die Wichtigkeit des Atmens in einer muslimischen Lebensdeutung aufmerksam gemacht (Kermani 2022). Kann künftig, so eine erste Idee, eine Theologie der Religionen von diesem Ur-Existenzial des Atmens ihren Ausgang nehmen?

Wie aber differenziert sich denn dieser Rhythmus von Enge und Weite aus? Welche Leiberfahrungen kann eine präzise Leibphänomenologie von dort aus sprachfähig machen?

Hermann Schmitz hat mit einer *Kategorialanalyse der menschlichen Leiblichkeit* (SdP II/2 19) hier Ordnung geschaffen und die »Struktur des Leibes« herausgeschält. In seinem Alphabet der Leiblichkeit unterscheidet er prominent an erster Stelle a) Engung und Weitung; dann b) Spannung und Schwellung; c) Intensität und Rhythmus; d) privative Engung und privative Weitung; e) Richtung; f) protopathische und epikritische Tendenz (gemeint sind intermodale, sprich: den einzelnen Sinn überschreitende Wahrnehmungen, die in der Tendenz entweder leise, träge oder giftig grell, schrill, hell ausfallen.)

Richtig. Sie haben völlig recht. Vokabeln zu büffeln ist kein spaßverdächtiges Unternehmen, hier droht schnell ein Ermüdungsbruch, die Anstrengung lohnt sich aber, um endlich den eigenen Leib, sprich: die Räumlichkeit des Leibes und die eingespielte Dynamik (UG 117, 121) präziser kennenzulernen. Über die ausgemachte Leibvergessenheit gerät Schmitz übrigens in jedem neuen Buch ins Verwundern. Ich habe ein typisches Zitat mitgebracht: »Ist es nicht seltsam, daß der Weltraum in seinen noch unerreichbaren Fernen bis ins Feinste hinein vermessen und Leiblichkeit – das dringlichste Schicksal des Menschen, das Unmittelbarste seines Lebens – dem erkennenden Blick bis heute fast verborgen geblieben ist?« (SdP II/1 XIII)

Darüber lässt sich leicht Einigkeit herstellen: Der *Urgegensatz* (vgl. SdP II/1 3) des leiblichen Geschehens ist der von Engung und Weitung. Hier wäre jetzt eine Druckbetankung nötig. Ich will nur knapp auf zwei Begriffspaare (a und c, mit Hinweis auf b) eingehen: Nach Schmitz ist jedes leibliche Befinden eingelassen in eine Dimension, die zwischen Enge und Weite aufgespannt ist. Nachdrücklich ausgeprägt ist die *Engung* bei Angst und Schmerz. Dieser leiblichen Regung der Engung will man unbedingt entkommen, ein Impuls *Weg!* übernimmt die Führung. (Vgl. SdP II/2 20) Nicht zufällig gehören Angst und Enge etymologisch zusammen, das lateinische *angustia* meint Enge und Angst gleichermaßen. Der ganze Leib zieht sich zusammen, die Arme liegen eng am Körper, man macht sich klein, möchte unsichtbar werden, ist nicht Herr/Frau der Situation. Der Schrei ist dann eine symbolische Ersatzbefriedung (vgl. SdP II/2 20), mit der jemand versucht, in Angst, Schreck und im Schmerz aus der Haut zu fahren und die Engung aufzubrechen. Leibliche Engung wird aber auch gespürt, wenn Freude mit im Spiel ist, etwa im freudigen Schreck, oder wenn man plötzlich von einem warmen Blick eines Menschen erfasst wird, für den man bereits länger schwärmt.

Zunächst aber ist es ein *Schock*, der in die Enge treibt! Schmitz spricht, wenn die Engung den ganzen Leib besetzt, von *primitiver Gegenwart*, man schrumpft auf den Augenblick zusammen, ist ganz im *Hier* und *Jetzt*. Zeit und Raum, die Anderen, Umstände der Situation, sogar der eigene Name gerät aus dem Blick: Ich stehe in dem Augenblick hilflos der Situation gegenüber. Aus dieser *personalen Regression* gilt es sich zu *emanzipieren*, um die Situation in den Griff zu bekommen: Soll ich spontan das Gegenüber zu einem Essen einladen?; bei starkem Schmerz einen Arzt aufsuchen oder zu Ibuprofen greifen?; bei einer Erfahrung des Umgreifenden mich abwehrend abwenden oder den Leib freigeben? Erst wenn ich die *entfaltete Gegenwart* zurückerobert habe, wenn Engung und Weitung in einem Gleichgewicht sind, kann ich die ganze Situation in allen Facetten nochmals auf mich wirken lassen und mich dann gestisch oder verbal mit der Umwelt austauschen. Gegenwendig zur Engung wird *Weitung* gespürt als ein Versinken in maßlose Tiefe, etwa beim Einschlafen oder im Geschlechtsakt, oder wenn beim Blick in eine uns einladende Landschaft uns spürbar *weit ums Herz* wird. (Vgl. SdP II/2 23)

Ein zweites Beispiel zum Thema *Intensität* und *Rhythmus*: Leibliche Intensität wird beispielhaft gespürt bei muskulärer Anstrengung. Hier wird das konkurrierende Zusammenwirken namentlich von *Spannung und Schwellung* (b) in einem Augenblick verdichtet. Eine sukzessive, rhythmische *Konkurrenz von Spannung und Schwellung* ist dagegen in der Wollust auszumachen, der man sich nicht nur in der Horizontalen, sondern lustvoll auch auf Jahrmärkten aussetzen kann, wo Menschen in bombastischen Karussellen Schwindel und Schauder (englisch: thrill) erleben wollen und dabei wollüstig kreischen. (SdP II/2 29) Leibphänomenologie kann sogar dem *Roller Coaster* eine positive, Wollust erzeugende Leiberfahrungsmacht zugestehen. Im *Rhythmus des Tanzes* werden Erfahrungen erschlossen, bei denen den Akteuren im Idealfall Sehen und Hören vergehen. Der Goethekenner Schmitz zitiert aus dem Werther: »(N)ie«, so Werther, »ist mir's so leicht vom Flecke gegangen. Ich war kein Mensch mehr. Das liebenswürdigste Geschöpf in Armen zu haben und mit ihr herumzufliegen wie Wetter, daß alles rings umher verging.« (SdP III/1 176)

Durch das am Urgegensatz von Engung und Weitung ausgerichtete neue Alphabet der Leiblichkeit erschließt sich ein prächtiges Buffet neuer Möglichkeiten des Selbstverstehens. Hier lohnt es sich also weiterzudenken. Im *vitalen Antrieb von leiblicher Enge und Weite, Einatmen und Ausatmen,* vollzieht sich menschliches Leben. Religiöse Erfahrung, das ist die bei Rudolf Otto aufgelesene Pointe, zwingt die Engung und Weitung (*tremendum et fascinans*) auf engstem Raum zusammen. Darin ist eingeschlossen die ganze Bandbreite des Lebens.

An dieser Stelle drängt sich jetzt folgende Frage auf: Wie weit reicht überhaupt der spürende Leib?

Gernot Böhme hat sehr schön gesagt: »(D)er Leib selbst (ist K.H.) nichts anderes als das ausgedehnte Spüren.« (Böhme: Leib 46)

Und ja, der Leib kann sich unendlich ausweiten, räumlich und zeitlich. Mit einem Seligkeitsding, mit geliebten Objekten (Tilman Habermas) kann ich mich anwehen lassen von Bildern des Gelingens in der Vergangenheit und mich tagträumend dorthin bewegen. In ekstatischen Erfahrungen reicht die Weitung vorübergehend bis in die Unendlichkeit. Wie gesagt: vorübergehend, weil wir nicht nur in der Weite leben können, denn der Leib verlangt im stetigen Rhythmus die Engung des Einatmens. Aus diesem Gezweit können wir nicht entfliehen, diese Erfahrung nennt Schmitz *Grausamkeit*.

Die ersten fünf Szenen wollen dieses anfängliche Andrängen von Welt, das auf den spürenden Leib trifft, einfangen: Wir sind involviert und machen eine Erfahrung, dass etwas größer ist als wir, eine Erfahrung, die gleichzeitig in die Enge und Weite führt, uns anrührt und Dankbarkeit aufruft. Diese Erfahrung können Sie auch lesenderseits machen: *Nature writing*, eine neu belebte literarische Kunst, will etwa Landschaftserfahrung, die uns involviert, sprachfähig machen. Schauvergnügen, die die Zunge lösen. Dringende Empfehlung: Lesen Sie etwa Bücher von Judith Schalansky (Verzeichnis einiger Verluste) oder Esther Kinsky (Rombo).

Mit diesen Überlegungen zu *Engung* und *Weitung* sind wir bereits trainiert für einen neuen Strauß von Heiligkeitserfahrungen, die den Spielraum erweitern und weitere Melodien, Menschen und Tiere mit ins Boot holen. Wir stehen nicht an der Seitenlinie, sondern sind mitten im Geschehen. Das zentrale Stichwort aus einer Batterie von leibphänomenologischen Begriffen lautet *Einleibung* in Situationen verstörend-anziehender Begegnung. In diesen narrativen Miniaturen hebe ich noch stärker auf die Tüchtigkeit und Findigkeit, mit der wir auf diese Erfahrungen reagieren, ab. Wir sind involviert und antworten. Anders gewendet: *Wir sind resonanzoffene, antwortende Wesen.*

Zweite Reiseetappe zum Heiligen

Plattling und Berg

Hundeblicke und Selbstbilder

Hundeblick
Foto: © Klaas Huizing

Überredung geht so: Meine ältere Tochter Birte wünschte sich einen Hund, ich war der Böse, der partout keinen Hund wollte. Also lieh sie sich in der Bücherei zunächst Bücher aus, die grundsätzlich einen Hund zum Thema hatten, selbstredend pädagogisch wertvolle Bücher, und abends durfte ich die Bücher vorlesen, obwohl sie längst lesen konnte; nächste Phase: Jetzt ging es um unterschiedliche Hundezüchtungen, die mir begeistert nahegebracht wurden, so wurde ich zum Hundekundler; zeigte ich auch nur sehr sprödes Interesse für eine Hundezüchtung, kannte sie rein zufällig eine Freundin, die einen Hund dieser Züchtung besaß und auffällig häufig mit dem Hund vorbeischaute; als ich offenbar zu nachhaltig eine Bemerkung über einen Beagle machte, die man mit etwas Mühe als Sympathie deuten konnte, gab es zu meinem nächsten Geburtstag, ich war einfach der Nächste in der Reihe der Geburtstage, einen Familienhund: Laura, ein Beagle. Wir alle, mich eingeschlossen, haben sie erschöpfend geliebt: Sie war unfassbar klug, nie müde, wahnsinnig verfressen, nicht autoritätshörig, nachhaltig kinderlieb, und leider wild auf jedes Reh in der Nachbarschaft, gerne abgängig und kostete ganze Nervenstränge. Leider erkrankte sie nach einem Unfall – sie wurde angefahren – an Epilepsie und wurde nur sieben Jahre alt. Wir versuchten es drei Monate ohne Hund, dann entschieden wir uns gemeinsam und einstimmig für eine Hundezüchtung, die wir von Nachbarn her kannten. Einen Labrador. Nele. Ganz entschieden ruhiger im Temperament. Gemäßigter vitaler Antrieb. Extrem charakterstark. Bellfaul. Hypersensibel.

Wir fuhren zu einem Züchter nach Niederbayern, nach Plattling. Der Himmel hing tief, als hätte ein Bühnenarbeiter den Himmel ein Stück abgeseilt. Wolken zauderten, ob sie der Sonne Platz machen sollten. Aber im Auto machte sich ansteckend gute Laune breit, also entschlossen sich die Wolken aufzusteigen und gönnten der Sonne einen Auftritt. Als wir das Ziel erreichten, herrschte Postkartenwetter. Vom Herbst eingefärbtes Gelände. Die ganze Farbpalette von verwittertem Farn-Grün bis Toskana-Braun.

Nur noch zwei Hündinnen waren aus dem Wurf von acht Welpen übrig, eine braune und eine schwarze Labradorhündin. Noch bevor wir das Gehege betraten, schoss bereits die braune Hündin auf uns zu, suchte Augenkontakt, bellte aufgeregt, führte eine genau einstudierte Choreographie auf, sprang, als ich mich bückte, sofort auf meinen Arm, stupste mich an, sprang herunter und wollte auf den nächsten Arm. Die andere Hündin rührte sich nicht, lag verschüchtert in einer Ecke, machte sich kleiner, als wir uns näherten. Alarmiert versuchte seine nur Minuten ältere

Schwester, von ihr abzulenken. Als ich sie vorsichtig streichelte, zitterte ihre Flanke, Augenkontakt versuchte sie zu vermeiden. Erst auf einen energischen Zuruf des Züchters hin stellte sie sich vorsichtig hin, der Kopf blieb eingezogen, aber aus den Augenwinkeln schaute sie uns unfassbar traurig und ängstlich an, ein Blick, der sich tief in unsere Leiber einbohrte. Damit war die Wahl eigentlich schon entschieden.

Wir machten einen kleinen Spaziergang mit beiden Hündinnen. Die braune Hündin zeigte sich von ihrer besten Seite, lief vor und zurück, umtanzte uns, zeigte uns ihre Lieblingsplätze, ihre Schwester trottete hinter uns her, lief nie voraus, drehte sich mehrfach um, musste ermuntert werden weiterzulaufen, weigerte sich, mit ihrer Schwester zu spielen. Wir mussten also entscheiden. Es wurde die schwarze Hündin. Als wir sie in den Kofferraum trugen, stellte ihre ältere Schwester die Bewerbung abrupt ein. Nele schien sich zu schämen, dass sie ausgewählt wurde.

Nele war eine Seele von einem Tier, keine seelenlose Maschine – so rubrizierte der französische Philosoph René Descartes noch im siebzehnten Jahrhundert die Tiere, um sie sich vom Leib zu halten. Sie blieb, auch als sie erwachsen war, ruhig, später besonnen, sanftmütig und verletzlich, bellte beinahe nie. Nur einmal erwachte dieses besonnene Tier: Als meine Frau im Hochsommer sich im Garten alleine sonnte und plötzlich ein Fremder auftauchte, wurde Nele zum Monster, explodierte und verjagte ihn. Ich habe diesen auch monströsen Charakter, der mich, als ich hinzulief, erschreckte und zugleich Sicherheit versprach, an ihr nie wieder erlebt.

Obwohl sie ein Labrador war und der Starnberger See nur fünf Minuten entfernt vor der Haustür lag, ging sie nicht sehr gerne schwimmen. Sie schwamm, als wolle sie demonstrieren: Natürlich kann ich gut schwimmen. Ich bin schließlich ein Labrador.

Aber hallo! Sie mochte es nicht zu protzen. Wollte sich nicht mit anderen Hunden messen, legte sich sofort auf den Rücken und gab sich geschlagen, wenn ein anderer Hund den Wettkampf suchte. Sie wedelte selten, aber dann sehr elegant mit dem Schwanz. Und: Sie hatte eine Fähigkeit, die mich noch heute irritiert: *Sie konnte Atmosphären spüren und lesen.* Wenn sie heraufziehende dicke Luft in den unendlichen Diskussionen zu allen erdenklichen Themen am sprichwörtlichen Küchentisch spürte, wenn das Lachen weniger wurde und die Stimmlagen höher, schlich sie für alle sichtbar in ihr Körbchen und wartete, bis der drohende Krach ausbrach und irgendwann verzogen war. Wenn wir sie davonschleichen sahen, haben wir versucht, die dicke Luft noch rechtzeitig zu verscheuchen. Oft ist es auch gelungen. Aber natürlich nicht immer. Ich habe nie ihr Niveau erreicht und schäme mich bis heute dafür, dass ich es nicht besser lernte, Atmosphären zu lesen. Meinem Selbstbild aber hat es gutgetan. Auch diese ganz eigentümliche Labradorhündin Nele konnte mich hinterfragen. Das Leben kennt viele Begegnungen, es muss nicht zwangsläufig ein Mensch sein, der mich hinterfragt und gleichermaßen faszinierend und erschreckend irritiert. Auch Tiere können zur Begegnung werden, die uns besser macht. Und ich strenge mich seitdem mehr an, Atmosphären präziser zu erspüren. Seitdem bin ich unterwegs zum ewigen Hausfrieden. Eine Utopie, ja. Aber sie spendet Kraft.

Lesetipps:

- Bodo Kirchhoff: Seit er sein Leben mit einem Tier teilt, München [4]2024.
- Sigrid Nunez: Der Freund. Aus dem Amerikanischen von Anette Grube, Berlin 2020.
- Jacques Derrida: Das Tier, das ich also bin. Deutsch von Markus Sedlazek, Wien 2010.

Saarbrücken

Wagner-Opulenz oder Do-it-yourself-Punk

Tristan und Isolde | Judith Braun (Brangäne), Aile Asszonyi (Isolde)
Foto: © Martin Kaufhold, www.martinkaufhold.de

Wer den Maler Anselm Kiefer liebt, hat auch eine leichte Schwäche für Wagner! Ich habe diese etwas verwegene These noch einmal an meinem Leib ausprobiert: 5 ½ Stunden im ausverkauften Saarbrücker Staatstheater, zwei Weinglas lange Pausen inklusive. Die einzige Oper von Wagner, mit der ich wenigstens lauwarm geworden bin. Mir geht es nicht primär um das Libretto, das Wagner wie immer selbst geschrieben hat. (Im Saarbrücker Theater steht unter dem deutschen Text für die Zuschauer, die aus dem nahen Frankreich kommen, eine französische Übersetzung, der man den Schweiß ansieht, diese Texte zu dolmetschen.) Sondern um die Opulenz der Musik und des Gesangs.

Hier darf das Blech kräftig scheppern, dürfen die Fagotte die Hälse mächtig recken, die Geigen spielen auf alles an, was die Seele bewegt. Weil Opernmusik nur sehr begrenzte Bewegungssuggestionen, die zum Tanzen inspirieren, aussendet, hockte die Musik manchmal übergewichtig auf meinem Brustkorb und zog eine unheimliche Fratze.

Fraglos: Für mich ist der Höhepunkt der Oper der zweite Aufzug. Wagners *Hymnen an die Nacht*. Sein mit großem Abstand bester Text. Novalis erfährt, auch per Zitat anwesend, im zweiten Aufzug seine wahre Auferstehung. Und die Musiker feiern mit einem Aufmarsch von feinen Zwischentönen die romantische Sehnsucht, die Macht des Geheimnisses und des Unheimlichen im Dunkel der Nacht. Eine kribbelnde Sehnsucht, die mich zugleich tief verstörte.

Der dritte Aufzug ist für Tristan Schwerstarbeit. Sängermaloche unter Tage. Nahezu eine halbe Stunde pure Verausgabung mit einer Leidenschaft, die erneut auf den eigenen Leib überspringt – jetzt glücklich, heiser und erschöpft. Isolde, die in der Inszenierung zwischenzeitlich zwei Stunden ihre Stimme schonen konnte, gewinnt deshalb meistens im Sängerwettstreit, wenn sie in der Verklärung zum Finale »ertrinken, versinken, unbewusst – höchste Lust« intoniert. Ein Gesamtkunstwerk im Namen der Sehnsucht und Verschmelzung, die das Unheimliche nicht verschweigt und doch tröstend wirkt. Und mein bestürmter Leib? Er ging, spontan erfrischt, leichtfüßig in die sommerwarme Dunkelheit, Ausschau haltend nach der Gesandtin der Nacht.

Natürlich ist bereits das Outfit der Opernbesucher*innen Marker für Elite: Anzugfliege (doch, die taucht noch auf) und Stöckelschuh und *Cremant* in den Pausen. Eine Auszeit vom Alltag als Elitenkultur. Aber es geht auch schwellenarm. Eine rauschende Feier der drei Akkorde. Vier Akkorde werden bereits als Elitenehrgeiz verdammt. Gerne auch keckernd und schnarrend. Bölkstoff statt *Cremant*. Kampftrinker*innen von Format. Und die Haare so bunt wie die Pillen. Auch ohne Doping immer etwas drüber. Was bei Novalis und Wagner noch sehnsüchtig in Sprache und Musik verpackt wird, ist hier mitgröhlfähiger Text. Irokesenschnitt und Nietenjacke und Rasselketten. (Vivienne Westwood hat bekanntlich die Punkmode erfunden. Das ist die Ironie der Geschichte: Eine Designerin als Muse oder *Queen of Punk*, die später ihren Laden an Armani verscherbelt.) Der Stinkefinger als Basisgeste. Dreckig und schnoddrig. Statt Walküre Krawallküre. Do-it-yourself Hymnen an die Nacht.

Mein verstetigter (dieses irritierende Adjektiv gibt es tatsächlich!) Mitarbeiter am Lehrstuhl, Dr. Michael Bauer, hat eine Punkvergangenheit: Von ihm habe ich mir diese Haltung lang und breit berichten lassen und in mein kommunikatives Gedächtnis eingespeist. Ich kam dafür einige Jahre zu früh, habe nur ein Konzert besucht, das mich nicht packte. Mein Heroe war Neil Young, mit den Augen der Punks gedeutet war der entschieden zu soft, ein knödeliger Emanzipationsparcours in Cowboystiefeln. Im Punk besteht die Faszination in der Inszenierung des organisierten Chaos. Freundschaftlich abgesavte Anarchie. Berühmt und berüchtigt ist der Tanzstil, *Pogo* genannt. Kein elegantes Kreisen in Lackschuhen, sondern eher freundschaftliches Gerangel, das einen spürbaren Körper-Kontakt mit anderen Tänzern sucht. Auch der Punk ist eine *Ekstase-Erfahrung*, die harten Beats, die unweigerlich in die Beine gehen. Zunächst war es das kollektive Hüpfen (wie in Fußballstadien üblich), dann imitierte der Tanzstil gespielte Rauferei. »Im Slamdance wird geschubst und angerempelt, ja, es kann auch zu Stürzen führen, aber man hilft sich sofort kumpelhaft wieder hoch. Richtig. Manchmal läuft es etwas aus dem Ruder, dann droht der Spaß abhanden zu kommen, dann wieder erinnert es an kindliche Balgerei. Oft stellt man sich vor dem Start eines Songs in zwei Blöcke auf und rast beim ersten Ton aufeinander zu und feiert das inszenierte Chaos, feiert die Freiheit von der alten, spießigen Ordnung. Du darfst nicht vergessen: Im Unterschied zum Fußball sind es nicht verfeindete Fanclubs, die aufeinander losgehen. Es ist trotz allem Buddy-Talk.« Soweit der Fachkommentar.

Punker beim Slamdance
Foto: Andreas Bohnenstengel, Wikimedi Commons

Auch ein Punkleben ist nicht unendlich. Und selbst der Stinkefinger hat Abnutzungserscheinungen. Und trotzdem. Auch der Punk bietet eine Überwältigungsästhetik, bellende Gesänge mit Texten diesseits jeder Utopie, berserkernde Riffs, gleichermaßen Ekel und Angst vor der durch Konsum verhunzten Welt aufrufend. Und zugleich unbändige Lust am Schreien und Raufen im Wald. (Post-)Punks sind die Gespenster der Nacht.

Hygge?

Nirgends.

Die fiebernde Natur draußen erinnert aktuell eher an das Slamdancen als an die importierten romantischen Hymnen an die Nacht bei Wagner.

Lese- und Hörtipp:

- Die (Post-)Punk-Band: The Cure – Songwords 1978–1989. Omnibus Press, London 1989.

Buenos Aires

Stadion-Tango und Angst-Blues

La Bombonera, Buenos Aires
Foto: © Cavan – AdobeStock.com

Hitze hockte wie eine Glocke über dem Stadion und meine Hoffnung, die salvenartigen Lärmstöße der Fans würde die Glocke zum Zersplittern bringen, erfüllte sich nicht. Die Luft blieb klebrig. Ein Neffe, der nach dem Abitur endlich seine lange geplante und ebenso lang ersehnte Südamerika-Tour machte, hatte uns für zwei Tage in Buenos Aires, wo wir mit Freunden zwei Wochen verbrachten, besucht und ich hatte ihn ins Stadion eingeladen. Mein Neffe vertrug die drei Stunden in der Hitze deutlich besser, fächerte sich nicht ein einziges Mal Luft zu. Wir saßen in *La Bombonera*. Das Wort ist völlig übertrieben. Den Kosenamen Pralinenschachtel hat sie bekommen, weil das Stadion, aus Platzgründen oder weil die Finanzströme während des Baus austrockneten, nicht wie eine Arena oder eine Salatschüssel wirkt. Die finale Rundung ist zugunsten eines Abschlussriegels geopfert worden, die die V.I.P.-Lounges beherbergen. Von außen erinnert der Riegel an ein fünfstöckiges Krankenhaus in Plattenbauweise.

Wir saßen auf einer Tribüne, die nicht die härtesten Fans des Vereins beherbergte, aber die Stimmung war, verglichen mit Stadien in Deutschland, auch auf dieser Tribüne mehr als ausgelassen, knapp unterhalb des Siedepunktes. Ich konnte in den Fans nur mit Mühe die perfekt frisierten und gestylten Männer und Frauen ausmachen, die abends in den Bars und in den Restaurants anzutreffen waren: entschniegelte Männer, die Haare: gelfreie Zonen; die Kleidung: alle, auch die Frauen, schwelgten in unförmiger Trikotage in den Signal-Fanfarben. Wir fremdelten etwas, versuchten aber, mit dem Trinktempo mitzuhalten.

Arm an sportlichen Höhepunkten war die erste Halbzeit, beeindruckend nur die Stimmhöhe und Stimmfülle der Gesänge. Die Halbzeitpause über waren wir damit beschäftigt, uns mit weiteren Getränken einzudecken. Wasser und Bier schienen bereits auf dem Weg in den Mund zu verdampfen. Die Boca Juniors hatten offenbar in der Kabine einen stärkenden Asterix-Trank eingenommen, denn gleich nach Wiederanpfiff schienen sie schneller zu laufen, präziser zu passen und genauer zu schießen. Nach sieben Minuten ein perfekter Pass aus der Tiefe des Raums, ein feiner Trick, ein Schlenzer und Boca führte.

Goooool! Gooool! Gooool!

Alle Fans lagen sich in den Armen, auch mein Neffe wurde heftig umarmt, ich bekam zunächst viele kräftige Schläge auf den Oberarm, wurde dann auch in den Arm genommen. Der Lärm explodierte. (Die Glasglocke, die die Hitze speicherte, blieb intakt.) Wenigstens spendeten die geschwenkten Fahnen etwas Luft. Konfetti landete im Bierbecher. Wir waren mittendrin und Teil der umgreifenden Stimmung und Feierlust.

Auf ein mir entgangenes Kommando hin fingen alle an zu hüpfen, unsere Beine nahmen die Bewegung auf und übernahmen die Regie, wir verschmolzen zu einem einzigen ganzen Leib, grölten und lachten aus voller Brust. Ich kam einmal kurz aus dem Rhythmus, deshalb spürte ich es: Die ganze Tribüne war in leichte Schwingungen geraten. Mein Gefühl der feiernden Weite wich augenblicklich der ängstlichen Enge. Mein Atem stockte, panisch schaute ich die Runde, wie von selbst formte meine Zunge ein Stoßgebet, aber mein Nachbar, der mich in den Arm genommen hatte, hob mich beim nächsten Hüpfer wieder hoch und brachte mich in den Rhythmus zurück. Ich fühlte mich wieder sicher und meine Zunge fand erneut die richtige Liedzeile. Ich weiß nicht mehr, wie lange es ging, bis alle, glücklich und verschwitzt, wieder standen und zu sich zurückfanden. *Hast du es auch gespürt?*, fragte ich ihn. Er nickte knapp. *Ich dachte, die ganze Bühne knallt zusammen. Abhaken.* Dann lachte er. Ich war froh, dass kein Tor mehr fiel. Offenbar hatte der Pausen-Trank der Bocas eine kurze Verfallsdauer.

Beim Ausgang mussten wir, eingepfercht in einem riesigen Drahtverhau, lange warten, bis die gegnerischen Fans das Stadion zuerst verlassen hatten. Mein Neffe kaufte vor dem Stadion ein tailliertes Fan-Shirt. *Bereust du es, mitgegangen zu sein? Gar nicht. War doch Gänsehaut pur.* Er stockte kurz. *Jetzt, wo du das hier überstanden hast, kannst du dich auf der nächsten Wiesn auch in die Achterbahn trauen und musst nicht wieder kneifen.* Ich wollte meine Agenda mit Gegengründen aufblättern, aber er boxte mir gespielt in die Magengegend. *Zwischen Himmel und Erde. Du wirst süchtig werden. Glücksfaktor zehn. Da bist du deinem Chef oder deiner Chefin näher.*

Als die Sonne an diesem Abend in Buenos Aires nach vielen Überstunden endlich unterging, wirkte sie so ausgepowert wie die Spieler nach dem Abpfiff. Genauso fühlte auch ich mich.

Aber: *Wir hatten gewonnen.* In den Bars sahen alle wieder geschniegelt aus.

Es gibt einen prächtigen Aphorismus vom großen spanischen Autor Javier Marias, der wöchentlich Fußball-Kolumnen schrieb: »Der Fußball ist die allwöchentliche Wiedererlangung der Kindheit.«

Lesetipp:

- Interview: Martina Voss-Tecklenburg, Ex-Trainerin der Deutschen Frauen-Fußball-Nationalmannschaft, interviewt von Pfarrer Josef Hochstrasser, Fußball-Versteher: https://reformiert.info/de/recherche/lfuer-viele-ist-fussball-religion-17593.html.

Paris

Who's afraid of Anselm Kiefer?

Anselm Kiefer »Madame de Staël: de l'Allemagne«, (2015), Ausschnitt
© Anselm Kiefer

Ich wollte mich endlich wieder überwältigen lassen. Oder ›überweltigen‹. Unbedingt. Einen richtigen Rudolf-Otto-Schocker erleben, ein *mysterium tremdendum et fascinans.* Als beflügelnder Start ins neue Jahr. Ich hatte schon immer eine mächtige Schwäche für diesen Maler in Grau und Blei. Es gab nur einen kleinen Slot, denn die Ausstellung war auf vier Wochen begrenzt. (Ein Irrsinn für diesen Aufwand!) Weil das *Grand Palais* in Paris einer Kernsanierung unterzogen wurde, fand die Ausstellung in einem flugs erstellten Ausweichquartier statt mit dem hübschen Titel *Grand*

Palais Éphémère. Dabei sind die ausgestellten Werke für die Ewigkeit geschaffen.

Corona-bedingt, vielleicht auch der Erdenschwere nach dem Jahreswechsel geschuldet, war der Andrang übersichtlich: Vom Taxi bis zur ersten Begegnung mit der Kunst dauerte es keine fünf Minuten, dann stand man in einer dunklen riesigen Halle vor dem ersten Gemälde. Der Körper entschied sich zunächst, sich klein zu machen, eine Selbstentsockelung, die dem imposanten Gegenüber geschuldet war. Monumentale Bildwerke. Gigantisch. Riesig. Olympisch. Kolossal. Immens. Außerordentlich. Mega. Bilder als Pulsmacherei.

Wer sich zu schnell näherte, wurde mit Autorität zurückgewiesen. Nur mit Demut und Dankbarkeit konnte man diesen Gemälden begegnen. Ich fühlte mich wie der kleine Mönch vor dem mächtigen Meer in Caspar David Friedrichs totzitiertem und totreproduziertem Bild. Und wer im Digizän noch einmal eine Erfahrung machen möchte, die Walter Benjamin mit dem Begriff *Aura* im Angesicht von Kunst, die auch leiblich betroffen macht, beschrieben hat, dem eröffnete sich vor diesen Werken eine prächtige Chance. Ganz frei, ohne Wand als Rückenstütze, schienen sie den Raum zu beherrschen und nicht vom Raum beherrscht zu werden. Sie standen auf eher kleinen Rollen, als könne man diese Bilder frei herumschieben wie Bühnenbilder. Nur wer sie umrundete, konnte das stählerne Korsett entdecken, dass ihnen den freien und aufrechten Gang erlaubte. Sie wirkten mächtig, beeindruckend und doch auch leicht und frei.

Der 2022 verstorbene Gernot Böhme sah richtig: »So sind Bilder von erheblicher Größe, wie etwa solche des abstrakten Expressionismus oder etwa Picassos *Guernica*« – oder Gemälde von Anselm Kiefer – »nicht durch Reproduktionen zu erfassen: Man muss sich ihnen in leiblicher Anwesenheit aussetzen.« (Leib 168)

Nur so ist eine atmosphärische Erfahrung möglich. Dazu zählt die Haltung der *Andacht,* die vorbereitet auf den Genuss und das Schauvergnügen, die die Bilder auch gewähren, obwohl sie von der ersten atmosphärischen Anmutung einer Übermacht, die in die Enge treibt, her dieses Versprechen zunächst nicht aussenden.

Anselm Kiefer hat die ausgestellten Gemälde Paul Celan gewidmet: Mit Kreide fügte er Gedichtzeilen und ganze Gedichte ein. Eine tiefe Verbeugung vor Celan, der nicht weit von diesem Ort entfernt sich am 20. April 1970 von einer Brücke in die Seine stürzte. Diese Bilder sind keine Illustrationen der Gedichte, sondern reale Inkarnationen, die apokalyptische Atmosphären, Kriegsgeschrei, die Shoa und deutsche Verbrechen aufrufen. Und doch wird in den Bildern des Schweren und Dunklen gegenwendig eine Feier des Unscheinbaren abgehalten, verwundbare Farne (Das Geheimnis der Farne, 2021) etwa haben einen starken, kitschfreien, tröstenden und Hoffnung stiftenden Auftritt.

Überhaupt: Man darf den Humor und die feine Ironie von Anselm Kiefer nicht unterschätzen. Im hinteren Teil der Ausstellungshalle war ein großes, in Stahlgerüsten ordentlich sortiertes Materiallager (Glas, Blei, Blumen, Schiefer, Badewannen, Einkaufswägen, Plastik) zu bestaunen, jedes Fach mit gewitzten, metaphernsatten Beschreibungen versehen. Sichtbaren Humor und viel Ironie verbreitet auch das Bild *Madame de Staël: de l'Allemagne,* das einzige Bild, das nicht in einem direkten Zusammenhang mit Celan stand. Es spielt an auf das von de Staël 1810 fertiggestellte und 1813 publizierte Buch *Über Deutschland,* das, kräftig idealisiert, ein *Land der Dichter und Denker* – dieses Prädikat geht auf Germaine de Staël zurück – porträtiert, das den eigenen Eliten als Vorbild angedient wird. Kiefer, von den Franzosen und namentlich von Präsident Macron gefeiert – das hässliche Wort von Staatskunst machte im Blätterwald die Runde – porträtiert diesen Heldenkanon als Giftpilze, darunter auch Friedrich Schleiermacher (1768-1834), der vielleicht wichtigste Theologe überhaupt. Nur so wird die Idealisierung von Madame de Staël romantisch-ironisch abgepuffert und erinnert zugleich daran, dass das Land der Dichter und Denker ein gutes Jahrhundert später den schrecklichsten Krieg überhaupt anzettelte. Diese Kunst ist auch Mahnung gegen den Krieg, die, wie wir seit Putins Angriffskrieg auf die Ukraine wissen, nicht überall gehört wurde. Ich bin dankbar für die gemachte Erfahrung und das Geheimnis des Farns als Lebensfrucht, der sich im ewigen Kreislauf des Werdens und Vergehens mit der Unendlichkeit trifft. Und Schleiermacher als Giftpilz? Eine nicht nur ephemere Provokation, die nachhallt.

Gespeichert im Arkadien meiner Gehirnkammer ist eine vergleichbare frühere Erfahrung, an die sich mein Leib schnell erinnerte. Bereits der Titel des Gemäldes gibt die Pointe frei, sofern man leibhaftig vor dem Bild steht: *Who's Afraid of Red, Yellow and Blue?* (in Variationen I-IV) von Barnett Newman, dem abstrakten Expressionisten. Hintersinnig spielt der Titel des Gemäldes an auf Edward Albees Theaterstück *Who's Afraid of Virginia Woolf?* (1962), das wiederum auf das Kinderlied *Who's afraid of the big bad wolf?* verweist. Damit die Wirkung funktioniert, müssen die großformatigen Bilder so gehängt werden, dass man im Saal, bewegt man sich im Fluchtreflex rückwärts, sehr schnell an eine Rückwand stößt: Eine puffernde Distanz muss vermieden werden, um die Wirkung, genauer: das *Handeln* des Gemäldes zu erzielen. Baut man sich vor dem Bild auf, dann übernimmt die Farbe Rot die Führung und rast beunruhigend mächtig auf den Betrachter zu. Dieses Bild handelt mit Macht und Autorität, eine verstörende Erfahrung, der man sich wiederholt aussetzen kann, ohne die Macht der Farbe brechen zu können. Gänsehaut am ganzen Körper.

Barnett Newman: Who's Afraid of Red, Yellow and Blue (III)

Die Variationen IV (von der *Neuen Nationalgalerie* in Berlin angekauft und im Boulevard als Anstreicherkunst verhöhnt) und III (*Stedelijk Museum,* Amsterdam) wurden Opfer von Messerattacken, die Täter als psychisch gestört abgestempelt. Mutmaßlich waren sie emotional gesünder und spürungsreifer als die unberührbaren Journalisten des Boulevards.

Lesetipps:

- Christoph Ransmayr: Der Ungeborene oder Die Himmelsareale des Anselm Kiefer, Frankfurt am Main 2002.
- Karl Ove Knausgård: Der Wald und der Fluss. Über Anselm Kiefer und seine Kunst, München 2023.

Emlichheim

Kirche als steingewordenes Zelt

Altreformierte Kirche Emlichheim, Grafschaft Bentheim
Foto: Dennis Wubs, Wikimedia Commons

Gibt es auch in Innenräumen Erfahrungen des Heiligen? Antwort: Ja. Architekten arbeiten gerne mit Überwältigungsrhetorik, dazu zählt auch die Drohkulisse der markant erhöhten Kanzel, von wo aus der Priester oder die Pastorin dem unten sitzenden oder stehenden, fraglos durch und durch korrupten Groß-Familien-Clan der Sünder so tönend die Leviten lesen, dass bei der Abendvesper oder dem sonntäglichen Gottesdienst sogar »der blasse Mond schamrot wird und die Sonne erbleicht« (Jes 24,23). Die Kanzel ist inzwischen in vielen Kirchen zu einem *lost place* geworden, zu einem ungeliebten Möbel, das zwar jährlich abgestaubt, aber häufig gar nicht mehr genutzt wird. Im Zeitalter flacher Hierarchien gilt dieses Möbel als toxisch. Ein demütiges Rednerpult, unauffällige Schreinerarbeit, gerne mit unsichtbaren Rollen versehen, übernimmt den Dienst. Und gekrächzt, sogar gebrüllt wird auch nicht mehr. Zivilisationstechnisch fraglos ein Fortschritt. Ich bin noch mit Hochdruckpastoren groß geworden, die mir das Sündenelend so plastisch vor Augen gemalt und lauthals eingetrichtert haben, dass kalte Schauer den Rücken runterjagten, bis der Pastor die Stimmhöhe wechselte und mit seinem Fanfarenmund die Rettung durch Jesu Heilstat in Aussicht stellte. Auch diese Kältelehren sind inzwischen aus der Mode gekommen. Seitdem müffeln die in prophetischer Manier vorgetragenen Predigten allerdings nach einer Autofahrt mit angezogener Handbremse.

Und doch bleibt die subtile Überwältigungsrhetorik in Kraft, weil die unsichtbare Hand der (häufig) längst verblichenen Architekten Wunder wirken kann. Auch Reisende, die sich im privaten Kreis gerne das von Max Weber stammende Bonmot, er sei »religiös unmusikalisch« zu eigen machen, ziehen unmerklich den Kopf etwas ein, wenn sie eine Basilika oder einen Dom betreten, dämpfen die Stimme und lassen die Stein gewordenen Bewegungssuggestionen, die namentlich in gotischen Kathedralen dem Blick anhand der Joche eine Richtung vorzeichnen, die den Blick nach oben lenken und eine intensive Erfahrung von Weite erlauben: Der Leib streckt sich, die Extremitäten liegen nicht mehr angewinkelt am Körper, der Leib entspannt sich, man spürt eine tiefe Verbundenheit mit etwas, das größer ist als wir. Zumindest der Leib erkennt eine Macht an, die größer ist als er selbst. Ein Leib ist selten, wahrscheinlich nie religiös unmusikalisch.

Die raumgreifenden Sätze biblischer Erzählungen verlangen Gotteshäuser von großem Format. Sogar freikirchliche Denominationen, die häufig als Theologie eine prophetische Weltabgewandtheit verkörpern, bauen gerne groß, um dem herumirrenden Gottesvolk wenigstens zur Primetime am Sonntag Platz zu gewähren. Religiös sozialisiert bin ich durch meine Vaterseite in einem Ableger der niederländischen *Gereformeerde Kerken*, zu deutsch: altreformierte Kirche. Anders als die holländische Mutterkirche, die in einem synodalen Prozess mit vielen anderen Kirchen 2004 zur *Protestantischen Kirche der Niederlande* (PKN) fusionierte, ist die altreformierte Kirche zwar Mitglied im *Reformierten Bund*, aber noch selbstständig. Weil zum intellektuellen Inventar an erster Stelle Jean Calvin zählt, bekannt für seine tiefe Liebe zum Alten Testament, ist diese reformierte Kirche dem Alten Testament bleibend verbunden. Und deshalb lädt ein in der vorwitzigen, tief in die Niederlande hereindringende Ausbuchtung der niedersächsischen Grafschaft Bentheim gelegenes Bauwerk von großer Klasse jeden Sonntag zum Schaulaufen des Glaubens in ein Zelt ein. Ein Zelt! Die Emlichheimer entschieden sich nach vielen Diskussionen – ich war, der Verliebtheit wegen, nah dabei – beim Neubau ihrer Kirche an der Mühlenstraße für ein steingewordenes Zelt. Ein herrlicher Widerspruch in sich. Sowohl von außen als auch von innen bietet es eine hoch konzentrierte affektive Anmutung. Nach einer nur zehnmonatigen Bauzeit – viele Kirchenmitglieder waren bis zur Selbstausbeutung unablässig ohne irdischen Lohn im Einsatz – konnte die Kirche 1983 in Gebrauch genommen werden und bietet jetzt 850 Mitglieder*innen Platz. Sieger im ausgeschriebenen Wettbewerb wurde der Entwurf des Nordhorner Architektenbüros Zobel, Janning und Hermelink. In diesem Entwurf zeigt sich die tiefe Verbundenheit des reformierten Geistes mit dem Alten Testament: »Das Kirchengebäude erinnert an das Selbstverständnis der Gemeinde als ›wanderndes Gottesvolk‹. Auch der Gedanke, dass der Raum einer zum Gottesdienst versammelten Gemeinde

›die Hütte Gottes unter den Menschen‹ darstellt, wird mit dieser Architektur verbunden.« (Baarlink: Einsichten 105) (Vgl. Off 21,1-5). Emlichheim als das neue Jerusalem! In aller Demut, versteht sich. Von Prunk ist deshalb im Innenraum nichts zu spüren, und doch hat das Gebäude in seiner – auch dem alttestamentlichen Bilderverbot geschuldeten – Schlichtheit eine große Präsenz. Riesige Dachsparren geleiten den demütigen Protestantenblick nach oben zum Licht. Eine erhebende Erfahrung. Da keine Säulen den Blick verstellen, braucht es wenig Fantasie um sich vorzustellen, wie leicht es sein muss, das Zelt zusammenzulegen, um weiter zu ziehen. Um Aufmerksamkeit ringt nur ein mächtiger, ästhetisch sehr gelungener riesiger Leuchter, der mit der Goldfarbe nicht geizt (entworfen und gebaut vom Goldschmied Duhn). »Die Bänke sind im Außenbereich bogenförmig angeordnet, sodass sich die Gottesdienstteilnehmer deutlicher als eine Gemeinde wahrnehmen können. Zusätzliche Bankreihen füllen dabei in diesem – einem Amphitheater nachempfundenen Raum – den Innenbereich.« (Baarlink, Einsichten 105) Hinter der Kanzel, die von jedem Platz aus eingesehen werden kann, wurde die Orgel (Flentropp, Zaandam/NL) platziert. Zusammen mit dem Taufbecken und dem Lesepult rechts von der Kanzel und dem Abendmahltisch mit Abendmahlsgeschirr und aufgeschlagener Bibel links neben der Kanzel bildet dieses Ensemble das liturgische Zentrum des Zeltes.

Dieses auf äußerlichen Schmuck fast vollständig verzichtende Bauwerk ist ein wunderbares Hybrid: ein Stein gewordenes Zelt, das durch die Bewegungssuggestion der Sparren den Blick nach oben lenkt zum Licht als Symbol einer Macht, die größer ist als wir. Zwar fremdelt der Protestantismus häufig mit den Kirchengebäuden, hier aber gelingt es den Architekten, ohne Prunk *eine religiöse Erfahrung zu inszenieren.*

Ein Stein gewordenes Gotteszelt wird zur architektonischen Realisationsform des Heiligen.

Lesetipps:

- Sabine Dreßler, Andreas Mertin (Hg.): Einsichten. Zur Szenographie des reformierten Protestantismus, Solingen 2017.
- Christian Norberg-Schulz: Genius Loci. Landschaft / Lebensraum / Baukunst. Aus dem Engl. u. Ital. von Angelika Schweikhart, Stuttgart 1982.
- Gaston Bachelard: Poetik des Raumes, Frankfurt am Main [14]2021.

Übung 2
Wir üben *Einleibung*

Die *Neue Leibphänomenologie*, das Start-up von Hermann Schmitz, hält, was häufig übersehen wird, engen Kontakt zum Existenzialismus. Das wird Sie als Leserin vielleicht zunächst überraschen, weil der Meisterdenker Hermann Schmitz sich als General-Abrechner mit der philosophischen Tradition verstand. Nach seiner Meinung ging es bereits mit den antiken Philosophen Platon und Aristoteles steil bergab, er aber war ein überzeugter Fluchthelfer für jene häufig vergessenen und verdrängten Gestalten in der Tradition, die noch Kontakt zu einem Denken aufrechthielten, das von *andrängenden Gefühlsmächten* gewusst hat. Jean-Paul Sartre, der große Franzose, etwa fällt nicht unter den Generalverdacht, einfach deshalb, weil er von affektiver Betroffenheit spricht: »Nach seiner Lehre entspringt die Du-Evidenz nicht aus der Beobachtung an fremden Körpern, sondern durch eigene Betroffenheit, indem man sich von einem fremden Blick […] unbehaglich getroffen und fixiert fühlt.« (UG 148) Schmitz spielt hier an auf die Schlüsselszene oder Schlüsselsituation in Sartres frühem Hauptwerk *Das Sein und das Nichts* (einige übersetzen auch: *das Nichtende*): Ein Jemand, der durch ein Schlüsselloch eine offenbar attraktive Szene beobachtet, spürt in seinem Rücken plötzlich einen Blick, der ihn zu einem Objekt macht: zu einem Spanner. Der Blick des Anderen schreibt uns fest, ruiniert unsere Freiheit. Auch dann, wenn wir uns den Blick nur einbilden. Im totzitierten Schlusssatz aus Sartres Stück *Geschlossene Gesellschaft (Huis clos)* heißt es: »Die Hölle, das sind die Anderen.« Sartres gewiefte Interpretin Sarah Bakewell erinnert Sartres Urangst, dass alle Sterbenden, auch Jean-Paul, »nach dem Tod im Blick der Anderen gleichsam erstarren und (wir alle, K.H.) uns nicht mehr gegen ihre Deutung wehren können.« (Bakewell: Café 242)

Schmitz freilich findet Sartres Ausdeutung der affektiven Betroffenheit zu einseitig und moniert, der Blick sei für Sartre nur eine Einbahnstraße, es gebe keinen *Blickverkehr*, wenn etwa Blicke glücklich ineinandertauchen oder in einen Ringkampf geraten. (UG 148) Offenbar wurde Sartre, so würde ich seine Engführung interpretieren, von einer Ur-Angst herumgeworfen, dass andere Menschen nach unserem Tod durch ihre Deutungen über unser Leben und unsere Freiheit final Macht erlangen. Anders gewendet: Sartre deutet den Blick stets vom drohenden Tod her. Dagegen kann die Neue Phänomenologie den Kampf der Blicke herausstellen, sie setzt auf *Tüchtigkeitsvertrauen* auch in diesem Fall. Auch Schmitz kann sagen, Blicke seien wie Speere, die in unberechenbare Tiefen des spürenden Leibes eindringen. (Der Leib 33) Aber Schmitz kennt auch das Blickduell: Ein Blick kann mich engend treffen, ich werfe meinen Blick weitend zurück, der prompt den anderen engt, dieses Spiel kann wiederholt werden und die Verschränkung von Engung und Weitung befeuert den vitalen Antrieb im Ringen um Dominanz. Jeder Blick ist ein Anschlag auf die Dominanz des Anderen, auch wenn ein Dominanzstreben gar nicht beabsichtigt ist. Just unterwürfige Blicke, liebevolle, sogar demütige Blicke sind genau deshalb dominant, weil sie den anderen rühren und aus der Fassung bringen. Sie kennen sicherlich die Situation, einen fremden Blick von Auge zu Auge auszuhalten: Wenn Sie das nicht schaffen, dann senken Sie den Blick oder sind vom Blick gefesselt. Blickwechsel können wie ein Ringkampf sein – mit ungewissem Ausgang. (Der Leib 31f.) Das ist die phänomenologische Betriebsanleitung, die man jetzt im Kopf umsetzen kann. Und ich will ergänzen: Auch der Blick eines Tieres kann zu einer Begegnung werden.

Die Einleibung eines Blickes kennt nicht nur Urteil (oder Objektivierung) oder Ringkampf. Schmitz beschreibt, um dem Phänomen des *flüchtigen Blicks* auf die Spur zu kommen, eine alltägliche Schlüsselszene in der Fußgängerzone, die Sie als Leserin höchstwahrscheinlich kennen. Sie bewegen sich in einer überfüllten Fußgängerzone mit dem Ziel, noch rechtzeitig bei H&M oder Max Mara zu stöbern. Die Aufgabe ist komplexer, als vielleicht erinnert. Sie müssen den Ihnen entgegenkommenden Passanten ausweichen und zugleich die sich dahinter befindenden und neben Ihnen herlaufenden, vielleicht auch Sie überholende Passanten im Auge behalten. Eine Berechnung des idealen Weges wäre schwierig, es reicht aber ein *flüchtiger Blick*, der Leib übernimmt die Führung, Sie leiben wie selbstverständig die Bewegungen der anderen Leiber ein und sind mit dem Gedanken bereits beim neuen Pulli aus der Werbung von H&M oder Max Mara. Gelingt die leibliche (also vorsprachliche) beiläufige Blick-Kommunikation nicht, stockt die Einleibung, weil plötzlich der entgegenkommende Andere Ihre Ausweichbewegung spiegelbildlich wiederholt. Dann müssen Sie den expliziten Augenkontakt suchen, Sie müssen stoppen und sich mit einem entschuldigenden *Pardon* (im Idealfall) gegenseitig den Weg freimachen – ein alltägliches gegenseitiges Anerkennungsgeschehen. Eine Erfahrung von Würde.

Kleine Übung. Hoffentlich kein Stresstest! Gehen Sie mit gesenktem Kopf gleichmäßigen Schrittes durch eine überfüllte Fußgängerzone, funktioniert die Einleibung der Ihnen entgegenkommenden Passanten, wird es zu keiner Kollision kommen. (Versprochen!)

Ein vergleichbares Phänomen ist der *Paartanz*, wenn derjenige, der führt, mit einleibenden flüchtigen Blicken peinliche Zusammenstöße verhindert. Aber sogar beim *Pogo* und *Slamdancen* sind

Einleibungsprozesse nötig, der schnelle flüchtige Blick, der dafür sorgt, dass der Körperkontakt nicht in Gewalt umkippt. Ein weiteres prächtiges Beispiel ist die von Sportreporterinnen favorisierte Redeweise, Spielerinnen und Spieler von Format müssten *ein Spiel lesen können*. Gemeint ist: Vor allem der Spielmacher, die Spielmacherin sollte durch die leibliche Kommunikation mit den Mitspielerinnen und Gegnerinnen, achtsam auf flüchtige Blicke der gegnerischen Mannschaft, prospektiv erahnen, wo sich Räume für einen Pass ergeben und wann der Stürmer, die Stürmerin einen Spurt anzieht oder in die Gasse startet, damit ein Ball durchgesteckt werden kann. Fans neigen prompt dazu, sich absichtsvoll als Gruppe einzuleiben, die, so geht der Sportreporterinnen-Sprech, dann wie eine Frau, ein Mann hinter der eigenen Mannschaft steht. (Siehe oben: Bocca Juniors.)

Als Beispiel für eine *Ausleibung* nennt die Neue Phänomenologie etwa die *Autobahntrance*: Wenn eine Autofahrerin auf monotoner Straße, die immer geradeaus führt und von wenigen Bäumen eingebettet ist, unterwegs ist, dann kann eine Fahrerin sich in der Tiefe des Raumes verlieren, von der Tiefe förmlich aufgesaugt werden. Dann verliert sie die Konzentration und damit die Gewalt über das Auto und verunglückt. (UG 152) Deshalb werden in Europa (mutmaßlich weltweit) längere Tunnel stets mit einer leichten Kurve gegraben.

Nochmals: Die Neue Phänomenologie spricht von *leiblicher Kommunikation* und prägt dafür den smarten Begriff der *Einleibung*. Mit diesem Begriff beschreibt sie jene Prozesse leiblicher Dynamik, die den Körper eines Individuums überschreiten und vorsprachlich sind. (ZEdP 74) Die Basis aller Sozialkontakte nicht nur unter Menschen, sondern auch unter Tieren (ich darf ergänzen: wahrscheinlich auch unter Pflanzen), ist die wechselseitige Einleibung. (UG 139)

Einleibung ist stets ein relationales Geschehen und konzentriert sich auf ein Gegenüber (UG 151), es kann ein Gegenstand, eine Melodie, eine Landschaft, eine Person, die mich emotional fasziniert und zu leiblichen Resonanz animiert und sogar – wie bei mir – ein *System der Philosophie* sein, *in signalrotem Leinen eingebundene Bände,* die mich täglich auffordernd und aufmunternd anstarren. Die *Neue Phänomenologie* spricht von *solidarischer Einleibung,* wenn Personen etwa im Chor oder im Duett sich dem Rhythmus, der Tonhöhe und der Melodie eines Liedes anpassen. Resonantes Mitschwingen kann auch durch Gegenstände ausgelöst werden, denn Einleibung kann sich auf alles erstrecken, was meinen spürenden Leib affektiv betroffen macht, sofern das leiblose Gegenüber sogenannte *Brückenqualitäten* aufweist, die am eigenen Leib gespürt werden können und auch an den Gegenständen wahrnehmbar sind. (EGdP 77) Zur Erinnerung: In gotischen Kirchen sind leibnahe Brückenqualitäten die Joche, die bis zum Gewölbe ragen und eine *Bewegungssuggestion* auslösen, die eine *erhebende Erfahrung* erlaubt: Der Blick wird sachte, aber beharrlich nach oben geführt. (Siehe oben als ein gegenwärtiges Beispiel die Zeltkirche in Emlichheim.)

Frage: Kennen Sie vergleichbare Raumerfahrungen?

Zur *solidarischen Einleibung* zählt neben den genannten Beispielen jene Erfahrung, wenn eine Wanderin durch Gestaltverläufe wie eine »wiegende Birke oder ein in den Lüften kreisender Vogel zum Mitschwingen in solidarischer Einleibung [angeregt wird]. Hier kommt es vor allem auf Einfühlung und synchrones Mittun an.« (Wolf, Kinder 217)

Als Kontrast zur solidarischen Einleibung gibt es das Phänomen der *antagonistischen Einleibung*. Antagonistisch ist eine Einleibung, wenn bei der Einleibung Asymmetrien und Machtfragen im Spiel sind und Hierarchien ausgehandelt werden, wer also die Frau/Herr der Situation ist und wer den Anderen in die Enge treibt. Auch in der Kindererziehung kommt die antagonistische Einleibung zum Einsatz. Die Pädagogin Barbara Wolf pointiert: »Soziale Regeln und Grenzen lernen Kinder vor allem in der antagonistischen Einleibung.« (Wolf: Kinder 26) Oft wird die antagonistische Einleibung versteckt, aber doch spürbar eingesetzt. Bei einem Bewerbungsgespräch wird nicht selten (zumindest latent) mit Engung (und Objektivierung) gearbeitet, um einen Bewerber, eine Bewerberin zu testen, wie er/sie mit dieser Situation umgeht, etwa indem die Personalerin nach einer Antwort der Bewerberin länger schweigt und in den Bewerbungsunterlagen blättert. Nach dem Bewerbungsgespräch spürt häufig der Leib des Bewerbers, der Bewerberin durch die im Gespräch übertragenen Gesten und Leibsignale des Gegenübers, durch die Stimmung, die herrschte, bereits, ob es Chancen für eine Einstellung gibt. Aber auch die Personalerin kann im Rekurs auf den Gestaltverlauf des Gegenübers – fahrig, hektisch, auftrumpfend – Schlüsse ziehen.

Die Kunst der Einleibung ist selbstredend auch abhängig von der leiblichen Disposition und dem Charakter. Die *Persönlichkeit eines Menschen* – Schmitz spricht lieber von einer *persönlichen Situation* (UG 166f.) – besteht nach Schmitz aus Temperament und Charakter. Dabei meint *Temperament* die ganz persönliche *leibliche Disposition,* die mitgegebene leiblich-affektive Anlage, die durch Leibkommunikation aber behutsam verändert werden kann. (UG 127f.) Wichtigste Komponente ist die *Vitalität*, genauer: die drei Dimensionen von Antrieb als Lebendigkeit (nicht mit Trieb zu verwechseln), die je meinige Reizempfänglichkeit, also die Offenheit für affektive Betroffenheit und schließlich die individuelle Zuwendbarkeit des Antriebs, die Fähigkeit, mit anderen auch leiblich zu kommunizieren. Depressionen treten in der Lesart von Schmitz auf, wenn die Vitalität »nicht aufgeschlossen und resonanzfähig ist«. (UG 128) Depressionen sind also im Kern Resonanzstörungen (UG 128). *Charakter* dagegen umfasst die ganze Bandbreite der Erinnerung, »Standpunkte und die Gesinnung eines Menschen, die ihn bestimmenden Leit-, Wunsch- und Schreckbilder«, daneben »Interessen, Lebenstechniken, habituelle Abneigungen usw.«. (169) Auch hier freilich gilt nach Schmitz: Charakter und leibliche Disposition (zu den Typenlehren von Temperament und Charakter siehe UG 129ff., 171f.) lassen sich sowohl individual-anthropologisch als auch kollektiv-anthropologisch zumindest in Maßen umstimmen durch die »Veränderung des leiblichen ›Klimas‹, in dem ein Zeitalter oder eine Generation in mehr oder minder weitgespanntem Zusammenhang lebt.« (UG 130) Einleibungen bekommen dann eine andere Tönung.

Nochmals: Der Leib, das zeigen die Beispiele der Einleibung, reicht weiter als der Körper. Mein Universitätslehrer für das Neue Testament in Heidelberg, Gerd Theißen, dem ich Entscheidendes verdanke, erzählte in einer Vorlesung folgende Geschichte: Während des Zweiten Weltkriegs gab es Beispiele von Frauen, die plötzlich aufgewacht oder aufgeschreckt wurden und spürten, dass ihr Mann in präzise dieser Sekunde auf einem Schlachtfeld in Russland starb oder erfroren war. Spätere Wehrmachtsbriefe bestätigten oft dieses leibliche Spüren. Offenbar kann bei einer starken Resonanzachse der spürende Leib über Tausende von Kilometern spüren, dass die Resonanzachse plötzlich gestört ist und ausfällt. (vgl. Theißen, RdeC, 78, Anm.5)

Das Phänomen der *Ausleibung* hat Schmitz zu einem Gedankenexperiment ausgebaut: *Kann der Leib auch final ausreisen?* Besitzt die Neue Phänomenologie ein Pharmakon gegen die Angst vor einer Festschreibung des eigenen Lebens nach dem Tod durch die Deutungsarbeit der Anderen?

Und: *Wird meine Boomer-Generation darauf festgelegt, den Klimawandel verschlafen zu haben?*

In dieser Frage steigt häufig die Betriebstemperatur, wenn es um die Leibphänomenologie des Ewigen geht. Das Klima wird dann häufig sogar sympathisierenden Kollegen wie etwa Gernot Böhme entschieden zu heiß und sie verlassen die Bühne. Viele sind mit einem religiösen Grundeinkommen im Diesseits zufrieden und setzen sich folgender Denkzumutung nicht aus: Schmitz konstruiert aus den genannten und zu ergänzenden Szenen eine weitreichende These: »Wenn schon einzelne Leibesinseln im Fall der Phantomglieder […] und der Blick als Bestandteil des Leibes […] und der leiblichen Kommunikation […] austreten können, warum soll das Entsprechende nicht für einen ganzen Leib möglich sein, dessen Einheit durch die Leibesinseln zusammenhaltende Spannung seines vitalen Antriebs hergestellt wird?« (Leib 143) Er zitiert Berichte über sogenannte Heautoskopie-Erfahrungen, wenn etwa während einer Operation jemand von außen seinen auf dem Operationstisch ausgestreckt liegenden Körper anschaut. (Leib 143) »Wichtig scheint mir aber, festzustellen, dass eine Ausfahrt des Leibes aus dem Körper, wenn sie stattfinden sollte, nichts Erstaunliches hätte; ich sehe keine vernünftigen Bedenken gegen eine solche Möglichkeit.« (Leib 144)

Ich hege unverhohlen Sympathie für diese These. Sie böte in der Tat eine Antwort auf die existenzielle Ur-Angst von Sartre. Sofern die These vom Ausreisen des Leibes aus dem Körper schlüssig ist, haben auch der Tod und die Deutungsmacht der Anderen nicht das letzte Wort. Hermann Schmitz hat diese Möglichkeit (neben der Möglichkeit der Auferstehung): nämlich die *Unsterblichkeit des Leibes* im Schlusskapitel seines Systems erwogen. In meiner Deutung bietet Schmitz mit seiner Phänomenologie der *Einleibung* eine phänomenologische Teil-Einlösung der paulinischen Rede vom *Geistleib*, die Paulus für die Ewigkeit, für den auferstandenen Leib reserviert. *Schmitz aber kann die Genese bereits im Diesseits beschreiben*. Aber wie gesagt: Dieses Terrain ist nicht ganz barrierefrei, zeigt aber die Anschlussfähigkeit leibphänomenologischer Diskurse an angestammte theologische Debatten. Schließlich erschließt sie Spielräume, um die Idee der rettenden Gerechtigkeit, die auch die Opfer in den Blick bringt, einer Antwort zuzuführen.

Nach Szenen, die vor allem das Involviertsein, das Andrängen von Welt als Atmosphären in den Mittelpunkt stellten und den Szenen, die als Einleibung, als Tüchtigkeitsvertrauen, oft freudige Antwort auf die affektive Betroffenheit gedeutet werden können, geht es mir jetzt um Szenen beispielhafter Erfahrungen von Tiefe, die explizit Lebensorientierung ermöglichen und den Impuls befeuern, ein anderer Mensch zu werden. Um diesen Prozess begrifflich knapp zu präsentieren, prägt Schmitz ein anderes Manna- oder Zauberwort, das erklärt, wie wir eine Lebensorientierung finden, nämlich durch die *spielerische Identifizierung* mit maßgebenden Menschen (Karl Jaspers), Halbgöttern oder Gott und Göttern. Mit dieser Theoriesonde bewegen wir uns jetzt erneut in den lebensweltlichen Alltag. Mit einem Copyright auf Lebensweltnähe.

Vorab eine kleine medienkritische Übung:

Versuchen Sie in einem Zoom-Gespräch, dem Gegenüber in die Augen zu schauen! Warum misslingt es? Warum kommt kein Blickduell zustande? Auch kein Blicktausch? Was sagt dieser phänomenale Sachverhalt über digitale Begegnungen aus? Und: Wie ließe sich Abhilfe schaffen?

Diskutieren Sie im Freundeskreis folgende steile These:

Hermann Schmitz versucht mit seiner Phänomenologie des spürenden Leibes (Einleibung etc.), bereits lebensweltlich das Phänomen eines Geistleibes partiell erfahrbar zu machen, den Paulus erst für die Ewigkeit verspricht!

Dritte Reiseetappe zum Heiligen

Sankt Arthouse

Liebe auf den ersten Blick

»Liebe auf den ersten Blick« (1991) Filmszene mit Julian Benedikt und Geno Lechner
Foto: © IMAGO | United Archives

Für einen Jungen vom Dorf gab es im oft tristen Alltag wenige Chancen auf kleine Fluchten, aber das Kino war ein erreichbares Versprechen. Feuer und Flamme wurde ich bei den wenigen Gelegenheiten, wenn während der Kuren auf Borkum das Kino *Kur-Lichtspiele* noch geöffnet hatte. Lex Barker und vor allem Pierre Brice waren meine ersten Helden, mit denen ich mich *spielerisch identifizierte*. Beide verwahre ich noch immer sicher in einer dritten Herzkammer – auch wenn die Figur Winnetou heute etwas in Verruf geraten ist und (nicht zu Unrecht) als folkloristische Darstellung einer indigenen Kultur gedeutet wird. Aber als Kinogeher hat man immer gewusst: Es ist Fiktion! Für Uschi Glas, Apanatschi, habe ich leise geschwärmt. Tagelang übte ich die Stimmlage von Sam Hawkens, gespielt vom famosen Ralf Wolter. Das nächste Kino war in der Kreisstadt Nordhorn, sechzehn überdehnte Bus-Kilometer entfernt. Am liebsten bin ich im Hochsommer vor der Sonne, mit der ich bis heute fremdele, ins Dunkle des Kinos geflohen, die Erzählungen hinterher waren Hymnen ans Kino. Ich bin lichtempfindlich, liebe aber die Lichtspiele des Kinos. Die großen Franzosen. Claude Chabrol (*Der Schlachter*), später Éric Rohmer (*Das grüne Leuchten*). *Nouvelle vague*. Neue französische Welle. Reduziertes Spiel, Regisseure, die Pausen zuließen, die den Blicken und der Mimik ihrer Schauspieler vertrauten, den Film nicht unnötig mit Wörtern verschmutzten. Sanfte, nicht knallige Töne der Lebensfreude. Nicht nur die Franzosen passten zu meiner mentalen Inneneinrichtung, auch die Filme des Deutschen Rudolf Thome, von der *nouvelle vague* kräftig beeinflusst, dienten als urbane Möbel. Jeder Film war ein kleiner und doch mächtiger Schritt zur Verstädterung.

Ich erinnere mich präzise: Zunächst stockte ich, weil der Titel des neuen Films von Rudolf Thome mit Kitsch kokettierte: *Liebe auf den ersten Blick*. Das hörte sich nach einem Bastei-Arzt-Roman an. Nahe am Schund. Zumindest Schwulst. Dann bewunderte ich die Chuzpe von Rudolf Thome, solch einen klebrigen Titel zu wählen. Tauchte ins Dunkle ab. Und wurde nicht enttäuscht.

Der Film startet, wie man später erfährt, in Kleinmachnow, vor den Türen Berlins. Aus einem eingerüsteten Haus tritt ein junger Mann in DDR-beige und -grau mit zwei Kindern, setzt sie in zwei definitiv nicht vom ADAC geprüfte Fahrradsitze und fährt, ein bravouröser Balanceakt, mit ihnen nach Berlin auf einen nahen Kinderspielplatz. Beide Kinder, etwa drei und anderthalb Jahre alt, rennen sofort los und fangen an zu buddeln. Ein kleines Mädchen kommt dazu. Der Mann setzt sich auf eine Bank und zieht aus seiner ALDI-Tasche ein dickes, fest eingebundenes Buch. Nach kurzer Zeit setzt sich eine junge Frau zu ihm auf die Bank und spricht ihn an. *Sind das Ihre Kinder*? Später erfahren die Zuschauerinnen seinen Namen: Zenon Bloch. Zunächst reagiert er wie der Gründervater der antiken Philosophie der Stoa, mit dem er seinen Vornamen teilt, Zenon eben, extrem stoisch und er gestattet sich nur einige kurze, tastende, flüchtige Blickwechsel, antwortet nur das Nötigste, als würde jedes Wort die Situation ruinieren. Sie, Elsa Süßeisen, bleibt offensiv, lädt ihn, nachdem seine Kinder und ihre dreijährige Tochter ausgespielt haben, in ihr Haus in einer Neubausiedlung ein. Er ist zunächst zurückhaltend – *Sie sind ein wildfremder Mensch* –, radelt dann aber doch mit den Kindern hinter ihrem Kleinwagen her. Sie ist Zukunftsforscherin, er arbeitsloser Archäologe, zusammen decken sie die bisherige und künftige Menschheitsgeschichte ab. Ostmann plus Westfrau. Sein Nachname, noch eine Anspielung auf einen Philosophen, signalisiert: Bloch, eine Philosophie der Hoffnung. Kann das wirklich gut gehen? Wer Thomes Filme gesehen hat, der weiß: Das geht gut.

Der vielleicht zehnte Satz, der fällt, ist die Frage: *Sind Sie glücklich*? Er verweist auf die Liebe zu seinen Kindern, die er nach dem Unfalltod der Mutter alleine großzieht. Lisas Mann hat sich nach Amerika abgesetzt. Ob er nicht den Willen habe, die Welt besser zu machen? Antwort: *Wenn man die Macht dazu hat*! Sie schaut ihn an: *Sie sind ein starker Mann*. (Übrigens: Für Aufheiterungen im Film sorgt die Freundin Jutta, eine Lehrerin mit viel Antriebskraft, die sich über Eltern wundert, die ihren Geschichtsunterricht empörend empfinden, etwa deshalb, weil sie den Schülern davon unterrichtete, Napoleon habe vor seiner baldigen Rückkehr von einer Schlacht seiner Liebsten geschrieben: Wasch dich ab jetzt nicht mehr!)

Zenon und Lisa bekommen sich nicht aus dem Kopf. Sie ergreift die Initiative: *Ich will mit dir schlafen.* Er: *Ich auch.* (Grammatisch eine mild problematische Antwort.) Es fällt prompt noch ein Satz, den man sich selbst verbieten würde: *Du bist die schönste Frau der Welt.* (Wir würden wahrscheinlich sagen: Entschuldige, es ist abgedroschen, eine Phrase, ja, ja, das weiß ich, klar, aber es ist ein perfekter und nicht zu toppender Satz, denke an die Szene in dem Roman von … usw.) Ich bin mir sicher: Damals schauderte ich kurz. Ihre Antwort ist völlig überraschend: *Glaubst du an Gott?* Er: *Nicht direkt, aber irgendwie doch. Die Natur ist so wunderbar, das fühle ich ganz besonders jetzt.* Thome inszeniert eine extrem ausführliche Liebesszene, die ohne ekstatische Bekenntnisse auskommt. Sie sitzt rittlings auf Zenon und beide schauen sich die ganze Zeit während des Aktes in die Augen, ein Blickereignis, das länger als fünf Minuten dauert. Nie wird die Szene peinlich und etwas Großes ist mit im Spiel.

Der Schluss ist schnell erzählt. Sie mieten ein Wohnmobil und fahren mit den drei Kindern an die Ostsee. Er findet Arbeit als Archäologe. Sie macht Karriere. *Das verdanke ich dir und deiner Liebe zu mir.* Sie kaufen ein Haus. Sie verloben (ja, verloben!) sich. *Ich will ein Kind von dir.* Beinahe jede Äußerung könnte ein Beispielsatz aus einem Handbrevier für Regisseure sein, die wissen wollen, wie man einen Flop inszeniert: Achtung: So ruinieren Sie Ihren Film. Garantiert! Und doch passt jede Einstellung und jeder Dialog. Diese verschatteten Sätze, die plötzlich aus der Höhle der beiden Münder ins Licht traten, legten einen veritablen Neustart hin. Unverbraucht und quicklebendig. Und schaute man genauer hin, dann hatten die Dialoge kleine Flügel. Beglückt packte ich die Vereinigung von Ost und West als Hoffnungsbild ein, als ich das Kino verließ. Liebe auf den ersten Blick. Für mich, ein verwahrlostes Kind der Postmoderne, irritierend und faszinierend zugleich.

Kaufen oder leihen unter:

- https://www.alleskino.de/de/movies/cdf8895c-c639-4b98-9199-1e2ca73a7689
- Kleiner Filmtipp: Die kleine Schwester zu diesem Film heißt: Im Niemandsland, 2019, Buch und Regie: Florian Aigner. Mainz: Labor-Day

Mainz

Labor-Day

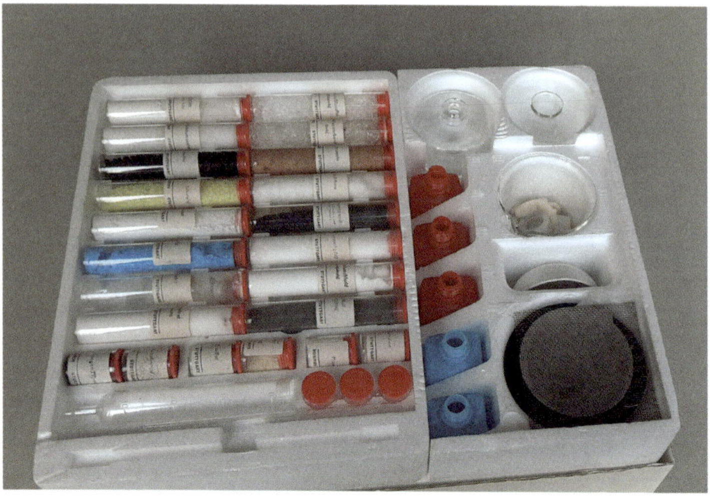

Kosmos Chemiebaukasten
Foto: © Archiv | Kosmos@KOSMOS

Obwohl es den Begriff damals, Ende der 60er- und zu Beginn der 70er-Jahre, noch nicht gab, war ich ein Katalog-Nerd, wartete Wochen vorher bereits sehnsüchtig auf die Zustellung des *Quelle*-Katalogs. Meine Vorliebe galt der Herbst/Winter-Ausgabe, denn dort gab es an die zwanzig Seiten Spielwaren – im Frühjahr/Sommer-Katalog nur schnöde sechs. In einem Jahr schauten mich die *Kosmos Baukästen* besonders lange an, auch wenn ich weiterblätterte, schienen sie durch die Seiten hindurch, überblendeten die Märklin-Eisenbahnen und die Carrera-Loopings, strahlten, wenn ich zurückblätterte. Mit einer Lupe untersuchte ich das abgebildete Foto, um zu entziffern, was mich erwartete, denn die Beschreibungen fielen im Katalog knapp und nichtssagend aus. Meine Erinnerung gibt mir die Farbe *Blau* ein, denn es war ein Röhrchen mit blauen Glitzersteinchen, Kupfersulfat, der *Brockhaus* sprach von Schwelfelsäure, die die Entscheidung brachte. Ich wählte also das *Kosmos Chemie-Labor C1* aus. Noch am gleichen Tag gab meine Mutter die Bestellung telefonisch auf, eine Woche später war das mächtige Glücksversprechen da und fand im obersten Regal neben den schwarzen *Leitz*-Ordnern im Büro meiner Mutter seinen Platz – übermächtige sechs Wochen vor Weihnachten. Bei jedem Besuch im Büro blickte ich sehnsüchtig nach oben, meine Mutter spürte es jedes Mal, obwohl sie konzentriert über ihren Buchungen saß, und tröstete mich, ohne aufzuschauen. Ich hatte bereits viele begeisterte Stunden in der Fantasie mit dem Geschenk verbracht, hatte es ein wenig abgeliebt, als ich es endlich auspackte. Meine Großmutter hatte mir sogar aus einer alten, weißen Kittelschürze eine Laborantenschürze geschneidert. Meine Berufsrolle nahm bereits Gestalt an. Ich erinnere noch einige Experimente, die ich ausführte, begleitet von den Warnungen meiner Mutter und der nachdrücklichen Erinnerung, die mitgelieferte Schutzbrille aufzusetzen, bitteschön: Ich stellte Seifen her, mit denen ich meine Schwestern glaubte begeistern zu können, Geheimtinte, nachtleuchtende Flüssigkeiten, künstlichen Nebel (mein Favorit – der Unheimlichkeit des Nebels wegen) und einen Mini-Feuerlöscher. Stets gab ich Kupfersulfat den Mischungen bei, das offenbar nicht weiter störte.

Heimlich hatte ich es mir lange vorgenommen, dann endlich schritt ich zur Tat: Ich rührte wahllos Ingredienzen zusammen, füllte sie in ein Reagenzgläschen, hielt dieses dann in die Flamme meines Bunsenbrenners. Ich zog es immer wieder ängstlich zurück, wiederholte es, hielt es dann wenige Sekunden länger über der Flamme, dann machte es plötzlich einen kleinen Puff, ich ließ erschrocken das Glasröhrchen fallen, das zerbrach, sofort wuchsen meine Ohren, bis sie den ganzen Raum ausfüllten: Nichts. Es rührte sich nichts. Meiner Mutter hatte nichts gehört. Ich musste viel Fantasie investieren, um das zerbrochene Reagenzglas zu entsorgen.

Nach dieser Schock-Erfahrung entwöhnte ich mich schneller, als erwartet. Experimente zu wiederholen langweilten und ich spürte die Erleichterung meiner Mutter, als ich immer seltener das Labor aufbaute. Sie schenkte mir etliche Bücher *außer der Reihe*, wie sie sagte, unterschätzte allerdings dabei, dass auch Bücher toxisch sein können.

Erst Jahrzehnte später habe ich ein großes Labor während einer Konferenz in Mainz unter dem Titel *Mainstream und Kreativität* besucht. Zunächst hielt der Laborleiter vor der Gruppe der Geisteswissenschaftler ein längeres Referat, wie intensiv darüber geforscht werde, die berühmte Labor-Ratte und die Labor-Maus durch kreative neue Methoden zu ersetzen. Irgendwann gäbe es nur noch die Lese-Ratte und die sei ja ungefährlich. Pflichtschuldige Lacher. Überhaupt sei die Kreativität in der Forschung überschätzt, bekannt seien die Fälle, in denen Neues durch Zufall entdeckt worden wäre: Teflon, von Pfanne bis zu Gore-Tex, der Süßstoff Sacharin, die Röntgenstrahlen, Radioaktivität, die Mikrowelle, Penizillin und, jetzt wurde es poetisch, natürlich die blaue Blume des Pharmaunternehmens Pfizer: Viagra. Zweiter pflichtschuldiger Lacher. Deutlich lauter. Dann schwärmte er von seinen Forschungsreihen, stellte einige Mitarbeiterinnen vor, die Studien durchführten. Manchmal sei es eintönig, aber bei jeder Reihe gebe es auch das Kribbeln, ob sich die Vermutung bestätige, und dann das kleine Glück, wenn man in der Virus-Bekämpfung einen Teilerfolg erziele. Und ja, er wisse schon, was wir fragen wollten, Forschung könne auch missbraucht werden. Diese Ambivalenz würde ihn manches Mal schaudern lassen. Ob Forschung gut sei, entscheide sich in der Ethik, er jedenfalls könne sich keine Forschung vorstellen, die nicht der Lebensdienlichkeit verpflichtet sei.

An dieses Gespräch musste ich denken, als ebenfalls in Mainz, aber später und in einem anderen Labor, in erstaunlicher Zügigkeit ein Impfstoff gegen Covid-19 auf den Markt kam und viele Leben rettete. Jeder investierte Labor-Tag war unverzichtbar. Meine spielerische Identifizierung mit dieser Berufsrolle hatte nur wenige Monate gehalten, aber ich war dankbar für diejenigen, die sich dieser Rolle ganz verschrieben hatten. Wissenschaft ist eine lebensdienliche Rationalisierung des Erschreckenden und Dämonischen.

Stunden, nachdem die Meldung über den negativen Corona-Test auf dem Handy aufgeploppt war, trafen wir uns mit Freunden dick vermummt und in sicherem Abstand auf dem Marktplatz im Stadtteil St. Arnual in Saarbrücken und stießen auf die frohe Botschaft an. Fremde gesellten sich dazu. Das Leben ging weiter.

Lesetipp:

- Robert Dinsdale: Die kleinen Wunder von Mayfair. Aus dem Englischen von Simone Jakob, München 2018.

Würzburg und Berlin

Ein Lebenssouvenir als Tagtraumschule

Bundesliga 68/69, Fußball-Bilder-Sammelband, Bergmann-Verlag, Unna-Westfalen
Foto: © Klaas Huizing

Die Nase muss trainiert sein, um es herauszuriechen: Noch immer atme ich sehr feine Spuren von *UHU*-Alleskleber ein, wenn ich mein Bilderbuch in die Hand nehme und daran schnüffle – nach knapp fünfzig Jahren ist *UHU* noch präsent. Nachhaltige Qualität. Meine Alterskohorte gehört zur Generation *Faller*, ich habe während der langen Winter im gemäßigten Norden ganze Städte aus Plastikteilen für die *Märklin*-Eisenbahn zusammengeklebt, die Häuser beleuchtet, Riesenräder in Schwung gebracht und Mühlräder (ein Höhepunkt war der Einbau der Wasserpumpe) in Bewegung gesetzt. Und stets in Hand-Nähe eine große schwarz-gelbe Tube *UHU*. Schwarz gelb. Wahrscheinlich war es die frühjugendliche Prägung durch die Kombination dieser zwei Farben, die mich zum Fan von Borussia Dortmund machten. Später habe ich wegen des Torwarts Sepp Meier, der Katze von Anzing, sehr offensiv mit dem FC Bayern geflirtet. Aber stets mit schlechtem Gewissen.

Es war ein Geburtstagsgeschenk meines engsten Freundes Friedhelm, der mir das Einklebebuch mit den ersten fünf Päckchen Fußball-Sammelbildern mit einer leichten Verbeugung überreichte. Hannes Löhr vom 1. FC Köln war der erste Fußballer, den ich einklebte – perfekt einklebte, dank der Expertise, die ich bereits mit *UHU* erworben hatte. Meine Großmutter, eine für mich bis zu ihrem Tod stabile Resonanzachse, schaute mit leichtem Widerwillen auf das Geschenk. Auch ich, ihr Lieblingsenkel, zählte ab jetzt zu den Bilderfreunden, eine Wende, die ihr als gestandene reformierte Christin, als Calvinistin, die das alttestamentliche Bilderverbot sehr ernst nahm, missfiel. Sie hatte bereits einen ganzen Sommer ihres Missvergnügens hinter sich, weil die jüngere meiner beiden älteren Schwestern eine ganze Wand ihres ehemaligen Spielzimmers mit Autogrammkarten bestückt hatte: Lena Valeitis, Gitte, Chris Andrews, Ricky Shane, Bata Illic, Ester Ofarim, Dunja Rajter, Daliah Lavi, Peggy March, Katja Epstein, Siw Malmquist, Adam und Eve, Mary Roos, Dorthe, Peter Orloff, Vicky Leandros, Ulla Norden, Ramona, Peter Rubin, Graham Bonney, Miguel Rios, Colin Wilkie, Shirley Hart und Olivia Molina. Heute wäre wahrscheinlich eine ganze Wand mit Devotionalien von Taylor Swift reserviert.

Meine Großmutter weigerte sich, das Zimmer zu betreten, solange Karla Hunderte von goldenen Kühen aufhänge. Und Heiligenbildchen gebe es im Katholizismus, nicht bei uns. Es verdross sie, wenn sie mitbekam, wie mein Vater sehr freizügig Karla Briefmarken für die Rücksendungen der Autogrammkarten aushändigte und jetzt meine Mutter mir Groschen für Fußballbildchen zusteckte.

Es war jedes Mal ein kleines Fest, wenn das Geld wieder für fünf Päckchen reichte und ich zum Lebensmittelgeschäft um die Ecke rannte. Das Glück sprang mich an, wenn kein bekanntes Gesicht auftauchte, leichte Enttäuschung kroch hoch, wenn gleich zwei Karten hintereinander auf den Stapel der Doppelbilder landeten. Wir, Friedhelm und ich, haben auf den Schulwegen im Bus nicht einfach die doppelten Karten gegen andere getauscht, sondern einen Wettkampf daraus gemacht: Wer ist Fritz Kosar? Wie heißt der zweite Torwart hinter Bernd Helmschrot bei Alemannia Aachen? Bei welchem Verein spielte Hans-Jürgen Krumnow? Und wo Manfred Manglitz? Und was ist mit Willi Rodekurth? Die letzten fünfzig Bilder konnte man gegen Geld beim Verlag bestellen. Friedhelm und ich waren ungefähr zum gleichen Zeitpunkt so weit, wir gaben zusammen die Bestellung auf und verschenkten den inzwischen mächtigen Kartenstapel mit den Doppelbildern an andere Freunde. Wir, Friedhelm und ich, hielten eine echte Trophäe in Händen, noch vor Abschluss der Saison. Wir waren Deutscher Meister.

Nie gab ich das Bilderbuch aus den Händen. Meine Schwester Karla durfte es nur in meiner Gegenwart in die Hand nehmen. Sie studierte sehr genau alle Gesichter, sagte dann: *Wolfgang Overath und Rolf Birkhölzer sehen klasse aus, alle anderen wie abgelaufen*. Rolf Birkhölzer, der Ersatztorhüter des 1. FC Köln! Anders als Wolfgang Overath schaffte er keinen sportlichen Durchbruch, wurde später Lehrer. Ich war froh, als er wie Phönix aus der Asche irgendwann bei *Wikipedia* erneut auftauchte. Durch das Urteil meiner Schwester gehört er seitdem zu meiner Geschichte.

Meine Sammelleidenschaft konzentriert sich bis heute auf meine Bibliothek und erschöpft sich darin. Mir fällt es leicht, mich von Sachen zu lösen: von Klamotten, Möbeln, Krimskrams,

Souvenirs, sogar Manuskripten. Ganz wenige Seligkeitsdinge bewahre ich auf, darunter mein Fußballbuch. Als es während eines Teilumzugs meiner überquellenden Bibliothek nach Berlin für einige Wochen verschollen war, hatte ich Phantomschmerzen, denn dieses Buch gehört zu meiner Identität (wie für andere vielleicht die erste Schultüte) und zur Ausdehnung meines Selbst. Unbändig die Freude, als ich es, eingeklemmt zwischen Bänden meiner Kierkegaard-Ausgabe, wiederfand. Seitdem liegt es wie immer griffbereit auf meinem Sekretär. *Schläft ein Lied in allen Dingen.*

Als die älteren Jahrgänge 1968 Revolution machten, habe ich mich in Tragträumen mit meinen Helden identifiziert, Geschichten umgeschrieben und Rolf Birkhölzer als veritablen Nachfolger für Sepp Meier aufgebaut. Und natürlich habe ich mitgespielt. Seitdem ist die Fantasie mein treuer Begleiter, das kindliche Spiel habe ich nie abgelegt. Meine Tagträume, die mir später einen Zugang zu den eigenen Träumen erschlossen, waren nicht einfach ein Ausbruch aus der Enge des Alltags, sondern eine Kreativitätsschule, die mir später auch beim kreativen Schreiben und ja – das auch – beim Theologisieren enorm geholfen hat. Noch heute kann ich mich in meinem Arbeitszimmer, mit diesem Buch, an dem ich es gelernt habe, extensiv wegträumen, es gelingt aber auch an anderen Orten, im Kino, im Zug, im Taxi und es gelingt mithilfe anderer Seligkeitsdinge. Diese Transzendenz in den Tagtraum erschließt mir häufig die Welt ganz neu, ist zugleich ein Prozess der Verlangsamung und der Intensivierung. Aber manchmal kann ein Tagtraum, kann die Fantasie auch erschrecken, dann will sie in Form gebracht und gebändigt werden. So entsteht Kultur. Der große Soziologe Thomas Luckmann hat den Schlaf und den Traum zu den großen Transzendenzen gerechnet. Der Tagtraum, lange unterschätzt, gehört fraglos dazu.

Ich bin ein »*daydream believer*«! (The Monkees)

France Gall

Gitte

Ricky Shayne

Daliah Lavi

Lesetipps:

- Tilmann Habermas: Geliebte Objekte. Symbole und Instrumente der Identitätsbildung, Frankfurt am Main 1999.
- Ernst Bloch: Das Prinzip Hoffnung. Kapitel 1-32, Frankfurt am Main 1985, 130f.
- Jörn Glasenapp: Taylor Swift. 100 Seiten, Stuttgart 2024.

Rom

Wer um Himmels willen ist diese Frau?

Michelangelo, 1508-1512: Die Erschaffung Adams
Foto: © savcoco – AdobeStock.com

Michelangelo, 1508-1512: Die Erschaffung Adams, Ausschnitt
Foto: © savcoco – AdobeStock.com

Dieses kapitale Werk zählt zu den bekanntesten der Kunstgeschichte. Der Fingermove zwischen Gott und Adam ist ins kollektive Gedächtnis eingesickert. Nochmals verdichtet gibt es seit Kurzem die zwei Arme sogar als temporäres Tattoo via Internet. Gerne als Selbstversicherung auf dem Oberarm platziert, um gegen die grassierende Sinndemenz im Alltag gewappnet zu sein. Sogar der Name des Künstlers steht bei Nachfrage schnell auf den Lippen: Michelangelo. Der Göttliche, der einen ganzen Himmel erfunden hat. Biographen und Romanciers haben bis zum Ermüdungsbruch jedes Familiengeheimnis in seinem Leben zu ergründen versucht. Der Bildermündigkeit des vom Künstler entlassenen Werkes konnten sie nichts anhaben.

Bleibend hat mich dieser Adam seit dem ersten Kontakt auf dem Gymnasium fasziniert: diese unfassbar lässige und aufreizend coole Haltung, mit der er selbstbewusst, ein wenig chillend, mit großer Grandezza den Fingerkontakt mit seinem Schöpfer sucht. Ein durchtrainiert wirkender Beau. Ausbalanciert das Gesicht: keine Knollennase und keine herausgedrückten Augen wie bei Sokrates, ein »natürliches Königtum« (nach Xenophon, ein Meisterschüler von Sokrates)! Ob allerdings Außen und Innen einander entsprechen, ist eine andere Frage, denn Adams Streben nach Erkenntnis, sie zählt zu den höchsten Gütern in der Weisheit, ist deutlich weniger ausgeprägt als bei Eva. Vorteil: Eva.

Offenbar hält dieser Adam große Stücke auf sich und kommt Gott kaum entgegen. Gottvater dagegen muss sich mächtig ins Zeug legen, um Kontakt zu bekommen und dabei noch seine ganze Peer-Group im Arm halten. Das ist schweißtreibend. Bereits am Nullpunkt der Schöpfung des ersten Menschen gibt es eine sichtbare Asymmetrie. Dieser Vater ist für diesen jungen

Mann entschieden zu alt, man ahnt bereits die strukturelle Überforderung, die sich hier anbahnt. In Gottes Antlitz überwiegt die Konzentration auf das punktgenaue Andocken über das fraglose Wohlwollen.

Eine Unwucht gibt es auch zum anvisierten Körperkontakt, der sich auf einen Fingerprint reduziert, während leicht übergewichtige Putten Gott am Arm halten oder am Rücken und den Beinen Kontakt suchen; eine Putte bekommt sogar exklusiven Zwei-Fingerkontakt; und der Frau wird ein Arm um die Schulter gehalten, als sei man mit dem ganzen Clan auf dem Weg zu einer ausgelassenen Party mit Gott als Schirmherr. Die Putten schauen neugierig, aber auch reserviert; blickt man konzentriert auf die Frau, springt die leichte *reservatio mentalis* deutlich ins Auge: Sie schaut über die Schulter mit großen Augen, interessiert und neugierig, aber auch zurückhaltend.

Wer aber ist diese Frau?

Nahezu einhellig ist das Urteil der Kunsthistoriker*innen: Es ist Eva, die bereits ihren künftigen Gatten aus sicherer Distanz in Augenschein nimmt. Eine gestiftete Ehe gewissermaßen. Keine Parship-Bandbreite, diese ganze Geschichte ist hoch exklusiv. Und Michelangelos Kreativität schafft es, dabei zu sein. Der VIP-Reporter mit dem Pinsel. Gut und lecker ist dieser erste Mann gebaut. Ein milde überbordendes, sichtbar ausgestelltes Selbstbewusstsein, das in Arroganz umzukippen droht, ist offensichtlich. Da können auch bei Eva Atmosphären angeweht werden, die sie dazu bewegen, die kalte Schulter zu zeigen. Lange habe ich dieser Deutung wie selbstverständlich zugestimmt. Aber nichts ist bekanntlich selbstverständlich.

Inzwischen favorisiere ich eine andere Lesart, die auch in Kreisen der feministischen Theologie starke Zustimmung bekommt.

Wer ist diese Frau?

Vielleicht Lilith, die feurig-temperamentvolle, sogar geflügelte erste Frau Adams, wie die talmudische Überlieferung will? (Laut Jes 34,14 ist sie ein Nachtgespenst.) Sie ist es eher nicht.

Antwort: Es ist die Frau Weisheit.

Sehr lange stand die Weisheitstheologie nicht im Mittelpunkt des theologischen Interesses, sie hatte ein Aschenputtel-Image, erst während der letzten drei Dekaden trägt die Weisheit neue Kleider und die Prophetie hat Blut im Schuh. Bisher stand der Mainstream-Protestantismus im Bann des prophetischen Deutungsmodells, jetzt, nicht zuletzt durch das steigende Interesse der Pastorinnen, gewinnt die Weisheitstheologie endlich an Boden. Für mich gab es eine Schlüsselsituation, eine literarische Offenbarung, als ich – zunächst noch reserviert – den weisheitlichen Denkraum erkundete. Dann der Schock des Neuen: Es gibt eine weisheitliche, relativ spät geschriebene Schöpfungserzählung, die sich noch vor die bekannten Schöpfungserzählungen schiebt, die im Anfang des Buches Genesis stehen. Genesis 1 Vers 0, wie der Exeget Bernd Schipper, der auch an die Vorgängertradition aus Ägypten erinnert, in einem großen Bibel-Kommentar hübsch ironisch geschrieben hat. (Die Bibel müsste also, um die Pointe sinnfällig zu machen, umgruppiert werden.) Die Pointe ist frappant: Gott, so heißt es in den Proverbien (Sprüche Salomos) 8, webt zunächst eine Frau Weisheit, schafft also ein Gegenüber, das vor ihm auf dem Erdenrund verspielt tanzt und ihn so zur Schöpfung allererst animiert. Glaubt man dem etymologischen Wörterbuch *Kluge*, dann geht das Wort Spiel ursprünglich auf Tanz zurück: Tanz ist die Urform des Spiels, steht für Kreativität, Lebendigkeit und Entwicklungsfähigkeit. Mit den angelesenen Augen aus Proverbien 8 schaue ich seitdem ganz anders auf die Welt. *Wir sollen spielen und gut spielen, bitteschön. Und gut tanzen, versteht sich.*

Innerhalb der Kunstgeschichte gibt es nur ganz wenige (und fragwürdige) Darstellungen der Frau Weisheit. Mir ist diese Deutung lieb, die in Michelangelos Gemälde die Frau als Darstellung der Frau Weisheit entdeckt. Dann hat die Frau, die Gott zupackend im Arm hält, selbst mächtigen Anteil an der Schöpfung Adams, und es spricht dann für sie, dass sie das Kunstwerk mit Neugierde, aber nicht selbstverliebt betrachtet. Ob allerdings in der Hochrenaissance Weisheitstexte viel gelesen wurden und auch an das Ohr Michelangelos reichten, ist nicht mit letzter Sicherheit zu sagen. Meine Recherche kommt zu keinem klaren Ergebnis. Aber das Bild lässt diese Deutung zu. Bei kleinen, mittleren und großen kreativen Schüben, auf die ich in der Lebenswelt treffe, tritt immer das Bild dieser Frau vor mein Auge, die fraglos im Hintergrund Anstöße gegeben hat.

Als Weisheitslehrer ist Jesus von Nazaret engster Verwandter und lebensweltliche Inkarnation dieser Frau Weisheit. Und nicht zufällig webt und erzählt er hochkreative Erzählungen, die faszinieren und ob ihrer Abgründigkeit auch erschrecken und die Kraft besitzen, Lesenden eine Lebensorientierung zu bieten. Wenn ich mich mit ihm, mit Jesus von Nazaret spielerisch identifiziere, ist die Frau Weisheit aber stets mit dabei.

Wer also ist diese Frau?

Vorschlag: Es ist die Frau Weisheit.

Lesetipp:

- Melitta Müller-Hansen: Der Weisheit letzter Schluss. https://www.sonntagsblatt.de/artikel/glaube/predigt-der-weisheit-letzter-schluss

Wamberg und Oaxaca

Friedhofsruhe und Friedhofsfest

Kleiner Friedhof, Bergdorf Wamberg, Garmisch-Partenkirchen
Foto: © Klaus Eppele – AdobeStock.com

Jeder kennt eine Schlüssel-Situation, in der einem der *Boden unter den Füßen weggezogen* wird: Bei mir war es der Tod meines Vaters. Gerade fünfzig geworden, starb er nicht unerwartet, sondern nach einer langen Krankheitsgeschichte der Atemnot und aufgeschwemmt vom Cortison. Ich war gerade sechzehn geworden, mein Vertrauen in die Stabilität des Alltags jäh ruiniert, die Orientierung einem Schwindelgefühl gewichen. Ich erinnere mich, wie meine starke Mutter mit verweinten Augen lange im Büro meines Vaters stand und sich mit der linken Hand an der Wand abstützte, als könne sie so den Einsturz ihres Lebensgebäudes verhindern. Erst am Tag nach der Beerdigung, als wir das Grab nochmals besuchten und die ausgehobene Wunde im Friedhof, in die mein

Vater vor Stunden verschwand, geschlossen war, empfand ich leichten Trost. Besucht habe ich meinen Vater beinahe nie auf dem Friedhof, meine Füße weigerten sich standhaft, die Richtung einzuschlagen, der Friedhof blieb ein abschreckender Nicht-Ort. Zwei Erfahrungen haben mir den *genius loci,* die geistige Atmosphäre eines Friedhofs nähergebracht.

Wenn in den frühen Neunzigern an Wochenenden dicke Luft herrschte, unsere zwei Töchter sich mit großer Ausdauer und ohne Verschleiß aneinander abarbeiteten, sich mal wieder nicht einigen konnten, ob zuerst Geige oder Klavier geübt wird, sind wir häufig von Berg bei Starnberg aus nach Garmisch gefahren. Nur ein Klacks entfernt. *Hanneslabauer* war das Zauberwort, das die dicke Luft auf der Stelle umwälzte. Nie gab es ein Veto. Häufig sind wir vom Klinikum Garmisch-Partenkirchen nach Wamberg hochgewandert, dem höchsten Dorf Deutschlands mit knapp 50 Einwohnern, dem nur vier Meter an der 1000 Meter-Marke fehlen. Die Töchter, die oft weit vorausrannten, gingen wie selbstverständlich immer zuerst auf den ummauerten Friedhof, der wie eine Terrasse dem kleinen Kirchdorf vorgelagert war. Die Ältere las der Jüngeren die Namen der Verstorbenen vor und sie liebten es, die Namen auf anderen Gräbern zu entdecken und wie ein Memory zuzuordnen. Wir hörten sie, langsam näherkommend, ausgelassen lachen und kichern. Es blieb in Wamberg alles in den Familien. Beim ersten Mal noch zögernd, bei späteren Malen schlugen meine Füße wie von selbst den Weg zum Friedhofseingang ein.

Nach dem Friedhofsbesuch ging es an der kleinen Kirche, die oft verschlossen war, nur selten konnte man den kleinen Hochaltar bestaunen, vorbei zur ersten Rast am Gasthof Wamberg. Aufgetankt wanderten wir über den Grat runter nach Graseck. Dort in der Almwirtschaft *Hanneslabauer* gab es an Tischen unter dem mächtigen Schattendach der Bäume den zweiten Almdudler und den weltbesten Kaiserschmarrn. Wenn noch Luft und Lust war, zwängten wir uns durch die gespenstisch enge Partnachklamm, meine jüngere Tochter suchte dann eine Hand, im Frühling fasziniert und erschrocken zugleich von den steilen Felswänden, dem tosenden Wasser und den noch mächtigen Eiszapfen, die den Winter gegen den Frühling verteidigten und langsam schlappmachten.

Meine zweite Erfahrung habe ich nach einer langen Reise in dem korpulenten Vogel einer Boing gemacht. Ich begleitete für eine Kulturzeitschrift eine Filmcrew, die einen Doku-Film über den lange in Mexiko lebenden saarländischen Schriftsteller Gustav Regler drehte. Nach nervösen und verkochten Tagen auf dampfenden Straßen in Mexiko-Stadt, die mir zu eng war und zu aggressiv, die sich nicht buchstabieren ließ, reisten oder besser: flohen wir nach Oaxaca weiter. Der *Día de los Muertos*, der Tag der Toten, das war das Versprechen gewesen, mit dem ich angelockt wurde. Im Internet hatte ich mich satt gelesen an Informationen über diesen Tag, ich fühlte mich so unförmig wie der Vogel, in dem ich gereist war. Die Werbesendungen über die Hauptstadt dieses Bundesstaates waren nicht geschönt, denn die Altstadt verströmte schiere Lebenslust: Bunt angestrichene Häuser hockten friedlich nebeneinander und schienen miteinander zu spielen, Antennen auf den Dächern angelten nach Luftfischen, Flamboyant-Bäume machten ihrem Namen alle Ehre. Die Geschwindigkeit der Fußgänger war im Vergleich zu Mexiko-Stadt deutlich heruntergeregelt, die Einheimischen glichen sich dem Tempo der flanierenden Touristen an. Vor den Bars und Cafés wurde geraucht und getrunken, dabei heftig gestikuliert, immer wieder hörte man den Begriff *Día de los Muertos* heraus, Radiostimmen im Hintergrund schienen nur dieses Thema zu kennen, die Fieberkurve stieg am ganzen Körper spürbar an.

Am Tag der Toten – er zählt inzwischen zu den von der UNESCO identifizierten immateriellen Kulturerben der Menschheit –, sind es zunächst die Kinder, die die Feier eröffnen: Sie tragen ein schwarzes Kostüm, auf dem ein Skelett *(Calacas)* abgebildet ist, dazu eine Schädelmaske mit schwarzen Höhlen *(Calaveras)*. Aber anders als bei Halloween wird primär nicht der nackte Schrecken gefeiert, sondern es ist ein Fest der Lebensfreude, die förmlich explodiert. In den Umzügen am Tag mischen sich farbenfroh kostümierte Feiernde, die die Farben der Häuser aufnehmen und verdichten, ausgelassen tanzend und singend. Die Toten sind für einen Tag im Leben zurück, sind Grund der Freude, werden geehrt, das Leben und mit ihm der Tod bejaht. Überall in der Stadt gibt es das Brot der Toten, *Pan de Muerto*, stark nach Anis schmeckend, und Gebäck in Form von Schädeln: Jeder leibte den Tod ein als verzuckerten Nachtisch.

Fest und Ritus gehen auf prähispanische Kulturen zurück (Atzteken, Tolteken, Nahua), dort war der Tod nicht der Feind, sondern gehörte zum Leben dazu, und auch die Toten waren weiterhin im Leben präsent. Klug hat die katholische Kirche Mexikos die Idee in ihre Festkultur zum Allerheiligen eingebettet. An diesem Tag werden nicht nur Blumen und Kerzen abgestellt, sondern ganze Familien ziehen für eine Nacht auf den Friedhof, errichten auf dem Grab einen Altar (*ofrenda*), bestücken das Grab mit Bildern, Räucherkerzen, Spielsachen (für verstorbene Kinder), Seligkeitsdinge, um die Toten willkommen zu heißen. Blütenblätter, mit Vorliebe von Studentenblumen, markieren den Weg zum Altar. Die ganze Familie macht es sich bequem am Grab ihrer Liebsten, bringen das Lieblingsessen und die Lieblingsgetränke der Verstorbenen mit und essen und trinken zu ihrem Gedächtnis. Und selbstredend werden auch ein kräftiges Essen und ein (gerne alkoholisches) Getränk für die oder den Verstorbenen abgestellt. Als Getränk ist immer *Pulque,* aus Agavensaft hergestellt, dabei, häufig auch heiße Schokolade. Eine jährliche Totenvesper auf dem Grab der Verstorbenen. Typisch für das mexikanische Ritual sind auch kleine Gedichte, die auf Handzetteln kursieren, ebenfalls *Calaveras* genannt. Oft gehen sie auf Grabinschriften zurück, satirische Kommentare, die die Lebenden verlachen. Und überall flattern *Papel Picado,* durchlöchertes Papier, das an die Verwundbarkeit menschlichen Lebens erinnert. Und nirgendwo gibt es Kunststoffblumen!

Tag des Tode in Xoxocotlan, Oaxaca/Mexiko
Foto: © Ai – AdobeStock.com

Damals saßen wir mehrere Stunden auf einem Grab, der Regisseur half Barbara und mir mit Übersetzungen, und langsam, nachdem ich das Grausen in den Griff bekam, setzte die Geschichte der Eltern, die hier begraben lagen, Fleisch an, mal lachend, mal weinend erzählte die Tochter von ihnen, die Schminke kam ins Rutschen, die Sprache stolperte und überschlug sich, fand wieder in den Rhythmus, führte zu Umarmungen. Wieder und wieder und wieder wurden Leckereien und Getränke gereicht. Wir kannten bald die Lieblingsspeisen und die kleinen Gewohnheiten der beiden Toten, die plötzlich ganz vertraut neben uns saßen. So stark kann ein erzähltes Leben Gegenwart stiften. Sitzend auf dem Grab, hatte ich wieder Boden unter den Füßen. Und mein früh verstorbener Vater war mir so nah, wie lange nicht.

Click-Tipp:

- https://www.youtube.com/watch?v=ZXaWISbavFg
  Día de Muertos en Oaxaca

Molwanîen

Wo? Molwanîen? Ja, Molwanîen! Also bitte!

Molvanîen. Land des (weiterhin) schadhaften Lächelns, Wilhelm Heyne Verlag, München 2013

Trotz Handykultur und Internet ist die Kauflust auf Reiseführer noch ungebrochen. Offenbar traut man den Autorinnen und Autoren unverbrauchtes Wissen über die anzusteuernden Orte und Länder zu. Das geheime Wissen der Reiseführer. Ich bekam das Buch als Geschenk zu einem ausufernden runden Geburtstagsfest, ein Freund reichte es mir mit der Bemerkung, dorthin sollten wir gemeinsam reisen, bald! Ich warf nur einen schnellen Blick auf das Cover, stutzte kurz, sagte *Super Idee* oder eine ähnliche Floskel, kam aber erst am verkaterten nächsten Tag dazu, es mir genauer anzusehen. Molwanîen! Zunächst bot mir das Gedächtnis das Wort Moldawien an, über dessen genaue geographische Verortung ich vor fünf Jahren öffentlich besser nicht befragt worden wäre. Vielleicht eine besonders unberührte Provinz in diesem Land, irgendwo im wilden Osten, mutmaßlich an der Ukraine angrenzend. Oder Rumänien? Bulgarien? Erst der russische Überfall auf die Ukraine hat auch für mich Moldawien auf der Landkarte sichtbar gemacht.

Drei Autoren, Santo (ein vertrauenswerter Vorname, oder?) Cilauro, Tom Gleisner & Rob Stich informieren in diesem Reiseführer, der in einem hoch seriösen Verlag erscheint, ausführlich über Land und Leute, über die eigentümliche Sprache Molwanîenisch, geben Tipps für Hotels, Essen, Kultur, Universität, Kriminalität, Geld, schwule Reisende, Fluchtwege und die königliche Familie im Exil. Und auch über Religion gibt es Wissenswertes: »Die vorherrschende religiöse Gruppierung ist die Baltisch-Orthodoxe Kirche, eine einheimische Glaubensgemeinschaft, die dem Katholizismus ähnelt (mit Ausnahme der Tatsache, daß die Katholiken schon lange nicht mehr der Meinung anhängen, die Erde sei flach). Ferner ist es den Baltisch-Orthodoxen gestattet, in der Kirche zu rauchen. Diese Religion ist mehrere tausend Jahre alt; Gläubige verweisen stolz darauf, daß einer der beiden neben Christus gekreuzigten Schächer wahrhaftig aus Molwanîen stammte.« (Mol 24) Spätestens jetzt war ich wach und wieder nüchtern. Ein Fake. Oder? Es war ein kleiner Schock, der mir kurz die Atmung nahm, und ich fühlte die Scham aufsteigen. Ich las weiter und spürte, wie sich die materialmüden Mundwinkel endlich nach oben zogen und ich dann laut lachte.

Auch mit Korrekturen zu einer früheren Auflage wird nicht gegeizt: »Die Herausgeber möchten klarstellen, daß das Jhahmim-Restaurant in Lutenblag libanesische Küche und Tänze bietet, nicht – wie in einer früheren Auflage zu lesen – libidinöse. Positiv zu vermerken ist allerdings, daß das Jhahmim, einer Mitteilung seiner Besitzer zufolge, für die nächsten drei Jahre ausgebucht ist.« (Mol 52)

Das nahezu allwissende Internet gab Sicherheit: Mit seinen Freunden hat Santo Cilauro, gebürtiger Australier mit kräftigen italienischen Wurzeln, dieses Land Molwanîen frei erfunden. Cilauro ist *all in one* Kameramann, Writer, Sänger, Comedian, Wetterfrosch, Filmemacher und Producer für Funk, Fernsehen und Videokanäle, schließlich erfand Cilauro die Figur des Zladko Vladcik, genannt ZLAD, der als Synth-Pop-Musiker aus Molwanîen auftritt und reale CDs produziert. Zwei weitere Fake-Länder wurden von diesem Team erfunden: Phaik Tăn und San Sombrèro. Und im Reiseführer von Molwanîen wird Reklame gemacht für nie geschriebene Reiseführer: *Let's go Bongoswana, Alpenstein* und *Aloha Takki Tikki.*

Ich ende auch deshalb mit dieser herrlich verspielten Arbeit, weil dieses Buch eine Feier der Kreativität und Einbildungskraft ist. Ein wunderbares Spiel. Wir Menschen können uns nicht nur Paradiese ausdenken, sondern auch real nichtexistierende Länder. Drei hoch amüsante Lesestunden war ich in diesem Land verschollen. Abends machte ich einen längeren Eintrag in meinem ›Dankbarkeitstagebuch‹ (Martin Seligman) über die ›phantastische Genauigkeit‹ (Robert Musil) dieses Trips. Und der Mut der Verleger*innen ist atemberaubend.

Lesetipps:

Weitere Titel in der Reihe **Jetlag Travel Guide** ...

Alpenstein

Dieses winzige europäische Fürstentum – Zufluchtsort der Ultrareichen und -schönen – hat den weltweit höchsten Anteil von Zimmermädchen an der Bevölkerung, was sich in den drei offiziellen Landessprachen widerspiegelt: Italienisch, Französisch und Philippinisch.

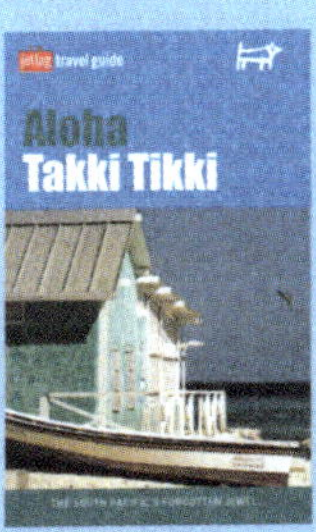

Aloha Takki Tikki!

VERGESSENES KLEINOD IM SÜDPAZIFIK

Einst war es die Heimat der wilden tattoonesischen Krieger; heute zieht dieses idyllische frankophone Eiland sowohl Sonnenanbeter als auch Kernphysiker an – durch das warme Wasser, den glitzernden Sand und stetig abnehmende Strahlung.

Let's go Bongoswana!

Dieses geheimnisvolle Land wurde einmal Belgischer Ost-Kongo genannt und hat sich erst vor kurzem für den Tourismus geöffnet. Von der Hauptstadt Coup d'État – wo der Safaridress erfunden wurde – bis zur Wildnis des Ebola-Dschungels wartet Bongoswana nur darauf, entdeckt zu werden.

Aus: Molvanîen. Land des (weiterhin) schadhaften Lächelns, Wilhelm Heyne Verlag, München 2013

Übung 3
Einübung in die Kunst der spielerischen Identifizierung

Was bedeutet mein Manna-Wort: *spielerische Identifizierung*? Was stellen Sie sich darunter vor?

In der Sixtinischen Kapelle der Neuen Phänomenologie, im Opus Magnum *System der Philosophie* von Hermann Schmitz, findet der Begriff auf alle Kultursysteme wie »Recht, Moral, Religion, Kunst, Dichtung« (UG 116) Anwendung. Hans-Georg Gadamer, der Grandseigneur der Lehre vom Verstehen, also der Hermeneutik, wollte mit dieser Idee nur die Kunst und Dichtung abgedeckt wissen, hier ist es der Schlüsselbegriff schlechthin. In der Fähigkeit zur spielerischen Identifizierung macht Schmitz den Unterschied zum Tier aus, das folgendes Spiel nicht beherrscht: Ein Tier vermag nicht etwas mit etwas zu identifizieren und sich darauf einzulassen, ohne auf die Tatsächlichkeit der Identität Rücksicht zu nehmen. (UG 175) Schmitz konkretisiert diesen Gedanken zugleich am Beispiel der Bildnahme, etwa einer Fotographie oder eines Gemäldes: Wir haben als Menschen gelernt, mit einem Bild so umzugehen, als sei es das Abgebildete, und wir schaffen es gleichwohl, die Differenz im Auge zu behalten: Wir verwechseln das Bild nicht mit dem Abgebildeten und halten die Identität nicht für tatsächlich. Das war kulturgeschichtlich lange nicht selbstverständlich, denn »noch die Griechen fesselten Götterbilder, damit diese nicht wegliefen« (UG 175). Dieser Gedanke war für mich bei der ersten Lektüre aufregend neu.

Bereits Kinder ab etwa vier Jahren entwickeln Fähigkeiten zur spielerischen Identifizierung im Rollenspiel: Das Prädikat *spielerisch* nimmt bei Schmitz Bezug auf das *Darstellungsspiel* von Kindern, die Gegenstände umdeuten und sich damit spielerisch identifizieren, ohne die Frage nach einer objektiven Tatsächlichkeit zu stellen: *Subjektive Tatsachen* sind sie durchaus. Zwei Beispiele: Eine Gruppe von Kindern einigt sich darauf, einen Teddybären mit dem inzwischen fehlenden linken Auge als Wolf vorzustellen. Wird er irgendwo entdeckt, schreien die Kinder – reale Angst im Gesicht. Im dargestellten Spiel ist der Teddybär der Wolf, *ohne Wenn und Aber.* Die spielerische Identifizierung ist aber nicht umkehrbar: Der Wolf ist selbstredend kein Teddybär.

Alle Beteiligten am kindlichen Spiel, die Spielfreundinnen und die Spielfreunde, lassen sich auf dieses Darstellungsspiel gemeinsam ein, schreien, verstecken sich, ihre Atmung wird gepresst, sie feiern schließlich die Weitung, wenn der böse Wolf vom Jäger gefangen genommen (und in älteren Varianten erschossen) wird. Und wie selbstverständlich kann das Kind abends den Teddy mit zu sich ins Bett nehmen und mit ihm kuscheln, ohne jetzt den Teddy mit einem bösen Wolf zu verwechseln. Dann wäre an einen ruhigen Schlaf in dieser Nacht nicht zu denken.

Ein zweites Beispiel. Kinder können mit großem Ernst eine Puppentaufe oder eine Puppenheirat ausführen, eine Stunde später die Puppe verärgert und wütend in die Ecke werfen und auf erstaunte Rückfragen mit der Bemerkung reagieren: *Aber, Opa, das ist doch nur eine Puppe. Die kann sich nicht wehtun. Weißt du das denn nicht?* Nach Schmitz sind Mythos (der Teddy als böser Wolf) und Ritus (Puppentaufe, Puppenhochzeit) im frühkindlichen Darstellungsspiel bereits angelegt. In dieser Deutung ist die kindliche Rollenübernahme eine ›Vorform des Ritus‹, die spielerische Umdeutung von Gegenständen, mit denen es mit Gleichaltrigen spielt, eine ›Vorform des Mythos‹. (UG 191) Ob heute noch in Kinderzimmern eine Puppentaufe durchgeführt wird, mag man bezweifeln, Rituale wie Hochzeiten (mit Barbie und Ken) natürlich schon. Barbie hat, auch dank eines erfolgreichen Hollywood-Streifens, wieder Hoch-Konjunktur.

Es geht in dieser spielerischen Identifizierung übrigens nicht primär um Nachahmung (*Mimesis*). Der (katholische) Philosoph, Soziologe und Anthropologe Max Scheler (1874-1928) hat daran erinnert: Zu Zeiten Bismarcks traf man in der deutschen Beamtenschaft überall kleine Bismarcks an. Die Nachahmer wären aber nicht auf die Idee gekommen zu glauben, hier säße Bismarck *in personam* hinter dem Postschalter und überreiche mit einer knappen Verbeugung die Briefmarken. Nachahmung unterscheidet sich von der spielerischen Identifizierung dadurch, dass die Nachahmung in bestimmten Hinsichten, also partial vollzogen wird, um Ähnlichkeit herzustellen, die spielerische Identifizierung dagegen ist nicht graduierbar, sondern total. (Vgl. UG 171f.)

Gleichsam der *Zwang zur spielerischen Identifizierung* ergibt sich phänomenologisch durch folgende Tatsache: Wir können unser Gesicht auch im Spiegel nicht so sehen, wie andere es erblicken. Es gibt eine entfremdete Außenseite jeder Person, die nur durch einen Entwurf in eine Rolle kompensiert werden kann. (UG 179) Im Idealfall kann in der »Versetzungskunst« des Rollenspiels (die Berufsrolle wird von Schmitz nur knapp erwähnt) eine Reflexion auf das eigene Leben gelingen, so, als würde man sich mit den Augen eines Anderen ansehen, eine Erfahrung, die vielleicht sogar zu einer Korrektur meines Selbstbildes führt. (UG 180f.)

Woraufhin wollen wir uns entwerfen im Spiel um ein gutes Leben? Auch in dieser Frage gibt es eine Verschattung: Da der Mensch seine komplexe *persönliche Situation* nicht ganz überschauen kann, ist er hier auf Beistand angewiesen, auf eine *Schlüssel-Begegnung*, die ihm die Richtung entdeckt. Im Idealfall in einer liebenden Paarbeziehung, in der sich die Partner gegenseitig einen *Leiteindruck* vermitteln. Der jeweils Andere entdeckt die Möglichkeitsspielräume im hochindividuellen Leben des/der Geliebten und kann ihm einen Eindruck vermitteln, woraufhin er/sie sich entwerfen soll. Durch die liebende Beziehung wird die Potenzialität der persönlichen Situation und der Grundplan des eigenen Lebens erkennbar. Eine Art Straßenkarte.

Spielerische Identifizierungen auf der horizontalen Ebene, die alltäglichen Kämpfe um Liebe, können bekanntlich häufig scheitern. Ganze Bibliotheken, Arthouse-Filmotheken und Netflix-Serien künden davon. Ohne falsche Scheu empfiehlt Schmitz auch deshalb die *vertikale Ebene oder Resonanzachse*: Seine Definition des Göttlichen als affektive Betroffenheit von Gefühlsmächten bietet überraschende Zugänge.

Aber auch hier gilt: Gefühlsmächte kommen nicht immer ganz rein zur Darstellung. Diese Erfahrung erlaubt es, zwischen Göttern und Halbgöttern zu unterscheiden. Zur Vereindeutigung einer Atmosphäre und dem darin eingeschriebenen Programm hilft die *Technik der Plakatierung*, gemeint ist der Versuch, das oft in unübersichtlichen Situationen zerstreute Gefühl als Atmosphäre zu einem Plakat zu verdichten, das mich hineinsaugt. Das trifft auch auf die sprichwörtlich gewordenen Halb-Götter der Kultur zu, die aktuelle, vagabundierende Gefühlslagen, Wünsche, Hoffnungen und Sorgen in ihrer Person verdichten: »Wichtige Züge des Zeitgeistes, die sonst nur abstrakt zu identifizieren wären, schießen zusammen im Erscheinungsbild bekannter Filmschauspieler wie Greta Garbo, James Dean und Brigitte Bardot, die daher zu Stars, d.h. Halbgöttern aufsteigen.« (WdM 61; vgl. UG 447) Halbgötter, darin unterschieden von Göttern, verdichten ein zeitlich begrenztes Lebensgefühl, das durch temporäre Role-Model Gestalt gewinnt und sich als Modell für spielerische Identifizierung (oft zugleich als Nachahmungsanreiz) anbietet. Dieses spezifische Lebensgefühl kann sich mal schleichend, durchaus auch plötzlich verändern und neue Role-Models als Halbgötter auf den Plan rufen. Götter dagegen verdichten andrängende Gefühlsmächte, die den Anspruch erheben, unbegrenzt gültig zu sein. Ob dieser Anspruch zurecht besteht, entscheidet die Wirkungsgeschichte. Jesus von Nazaret inkarniert die Liebesatmosphäre in einer ganz bestimmten Tönung, die bis heute überdauert und zugleich institutionelle Ausflockungen (neben Kirche die Diakonie/Caritas) nach sich gezogen hat.

Für Schmitz ist Jesus kein Halb-Gott, da ist er ganz entschieden, Jesus ist zu »Jesus Christus geworden, also einem Inbegriff und *Plakat der christlichen Liebe, einer opferbereiten und demütigen Offenheit und Zuwendung zu allen hilfsbedürftigen Menschen mit Bereitschaft zur Liebe. Liebe als Gefolgschaft zu dem heroisierten Jesus Christus ist der Kern dessen, was vom Christentum nach Abstrich der Metaphysik übrig bleibt.*« (WdM 61) Ich würde die Plakatierung so ergänzen: Jesus ist ein Gott, weil die Kräftigkeit seines leiblichen Spürens außerordentlich ist.

Wer Jesus als große Persönlichkeit der Weltgeschichte achtet und ab und zu mehr oder weniger generös für Mitglieder prekärer Milieus spendet, um das Gewissen zu wattieren, vollzieht übrigens keine spielerische Identifizierung. Rosinen picken geht nicht. In religiöser Hinsicht ist die spielerische Identifizierung eine spielentscheidende Lebensfrage. Jesus ist die Verdichtung einer göttlichen Atmosphäre, nämlich der Liebe, die uns mit letztem Ernst betrifft und eine ganz bestimmte, singuläre Tönung besitzt. Menschen, die sich in diesem Klima bewegen, richten ihr eigenes Leben nach diesem plakatierten Jesus aus und bringen es im je eigenen Lebensstil zur Darstellung. Auch das religiöse Leben ist ein Darstellungsspiel.

Auf spielerische Identifizierung ist namentlich die Religion angewiesen, weil es erst kraft spielerischer Identifizierung, folgt man

Schmitz, Götter gibt. Die spielerische Identifizierung ist die Grundlage *»der Gottwerdung des Göttlichen und damit das tiefste Fundament theistischer Religion.«* (SdP III/4 468f.) Allerdings: ein Theismus, der mit dem alten metaphysischen Theismus wenig gemein hat.

Auch in der spielerischen Identifizierung, die mir vielleicht eine Lebensorientierung erschließt und zu einer Transformation führt, ist Einleibung mit im Spiel, die zu einer zwiespältigen Verschmelzung führen kann, genau dann, wenn auf einer Massenveranstaltung etwa ein Redner die ganze Masse in der Hand hat, dabei die Selbstkontrolle ausfällt und alles zu einem Leib verschmilzt. Von dieser zwiespältigen, weil zur Selbstkontrolle unfähigen Masse sind jene Verschmelzungen zu unterscheiden, die sich nach einer Prüfung, die Selbstkontrolle voraussetzt, auf den letzten Ernst der angebotenen spielerischen Identifizierungen einlassen, etwa auf die in der Person Jesus verdichtete inkludierende Liebesatmosphäre. Hier darf man Content-Fragen nicht aus dem Weg gehen. Als Kriterium bietet sich an zu fragen, ob in den Verschmelzungsphänomenen Ausschließungsmotive Eingang finden oder ob sie Diversität geradezu ermöglichen.

Die spielerische Identifizierung mit Jesus Christus kann eine so starke Prägekraft ausüben, dass sie den affektiv betroffenen Menschen durch das Leben trägt. Prägekraft heißt, »dass man weiß, hier gehöre ich hin, und das ist dann unbedingt zu respektieren, darf aber nicht als der Normalfall erwartet werden. In vielen Fällen wird diese ausschließliche Bindung auch eine Flucht sein und kann auch ein Zumachen der Augen oder Ohren sein, kann im Grunde also eine Fluchtreaktion sein. Im Gegensatz zu dem Spruch, vollkommene Liebe treibt die Furcht aus. Aber anderseits ist ebenso dies möglich, dass ein solch absoluter Anspruch sich selbstverständlich mit Exklusivität bewaffnet, und dagegen ist nichts einzuwenden.« (Werhahn: 82)

Freilich: Plakatierungen als Verdichtungen müssen im Fall von Jesus drei Berufsgruppen in einer Person zusammenführen. Waren im Judentum drei Berufsgruppen für den Transfer zwischen Gott und dem Volk Israel zuständig: die Propheten durch das *Wort*, die Priester durch die *Weisung* und die Weisheitslehrer durch den *Rat* (vgl. Jer 18,18), so muss Jesus alle diese Ämter ausfüllen. Eine Ämterhäufung par excellence. Jesus ist all in one. Ein hybrides Berufsbild, das zur Überforderung neigt. Für die spielerische Identifizierung heißt das: Dem eigenen vitalen Antrieb, Ihrer von der Umwelt mitgeprägten leiblich-affektiven Anlage entsprechend, können Sie sich auch für eine Facette stark machen, sich mit dem Weisheitslehrer Jesus, dem Priester Jesus oder dem Propheten Jesus stärker identifizieren, um die Liebesatmosphäre im eigenen Leben darzustellen.

Aufgabe: Schildern Sie in einer leib-phänomenologischen Erzählung Ihre spielerische Identifizierung, die Ihnen eine bleibende Orientierung geschenkt hat!

Mit drei gutgelaunten Begriffen aus dem riesigen Begriffsreservoir der *Neuen Phänomenologie* habe ich die narrativen Heiligkeitssituationen auf dem *Holy Trip* gedeutet: Zunächst standen Szenen affektiver Betroffenheit in der Natur und im Lebensraum der Bibliothek zentral, Erfahrungen der Überwältigung, die mit der Gefühlsqualität von Engung und Weitung, Faszination und Erschrecken am Leib gespürt wurden und Dankbarkeit einstifteten. Ein zweiter Parcours legte stärkeres Gewicht auf die Antworten, die auf die Erlebnisqualitäten gegeben wurden: Menschen sind responsorische, leiblich antwortende Wesen, die auf das Andrängen von Welt in vielfachen Formen der Begegnung von Natur, Personen, Kunst, Musik, Tieren, Verstorbenen, Ideengebäuden wie dem *System der Philosophie* mit Tüchtigkeitsvertrauen reagieren – häufig mit Freude unterlegt. Ein letzter Parcours legte den Schwerpunkt auf begeisternde Begegnungen, auch fiktiven, die eine Lebensorientierung versprachen und Impulse zur Veränderung bereithielten. Wir Menschen sind Spieler, die gerne gut spielen wollen, Lebensentwürfe testend durchprobieren, uns mit Halbgöttern wie James Dean, Daliah Lavi oder Brigitte Bardot oder heutigen Stars wie Amanda Gorman, Greta Thunberg[1], Malala Yousafzai, Annie Ernaux oder Taylor Swift identifizieren. Oder wir bleiben begeistert vom biblisch plakatierten Jesus, der uns eine spielentscheidende Lebensorientierung verspricht, die durch eine berührbare und offene Liebesatmosphäre ausgezeichnet ist.

Seh- und Sprachhilfen, die ich hier vorgeschlagen habe, sind einer philosophischen Denkschule – Neue Phänomenologie – verpflichtet, die sich selbstbewusst den Phänomenen des Heiligen zugewandt hat. Aber auch in anderen Geisteswissenschaften gibt es denkstarke Bekümmerungen und Deutungen einer Begegnung mit dem Heiligen als einem Grundphänomen des Menschwerdens. Das Heilige ist nicht ausgewandert in lebensweltferne Weiten, sondern im Alltag der Lebenswelt vor Ort des Leibes zu erfahren. Es ist naiv zu glauben, das Heilige sei exklusiv für die Theologie reserviert. Theologie ist nur eine Sinndeutungsagentur im Haus der Geisteswissenschaften, die viele Wohnungen besitzt. Ich starte mit einem starken Anbieter: dem Soziologen Hartmut Rosa und seiner Feier der Weltfrömmigkeit. Alle diese Sinnagenturen können zur Bewahrheitung dieser Qualität leiblichen Erlebens beitragen, sie kultivieren und sprachfähig machen.

Deutungsagenturen des Heiligen

Rosas Weltfrömmigkeit
Eine soziologische Theorie der Lebensführung

Der erste Satz geht an Rosa. »Wenn Beschleunigung das Problem ist, dann ist Resonanz vielleicht die Lösung.« (R 13) Ein meisterhafter Anfang für ein Sachbuch. Steht auf der Liste für den besten Romananfang *primo loco* Günter Grass mit dem ersten Satz aus seinem Roman *Der Butt*: »Ilsebill salzte nach«, dann führt Hartmut Rosa künftig die Liste nichtbelletristischer Werke an, sofern man Rosa nicht unumwunden zugesteht, er habe hinterrücks die Gattungsunterschiede zwischen Belletristik und Sachbuch passagenweise glücklich eingeebnet. Der Preis für die beste Wissenschaftsprosa ist ihm so gut wie sicher. Und gäbe es eine Belobigung für wissenschaftliche Courage, dann wäre Hartmut Rosa der künftige Preisträger, denn er lehnt sich wortstark gegen die »Privatisierung der Frage nach dem guten Leben« auf, die »dazu geführt hat, dass jene Frage im gesellschaftlichen Diskurs nahezu tabuisiert wurde.« (R 18) Die zentrale These des Tabubrechers Rosa lautet entsprechend, »dass es im Leben auf die Qualität der *Weltbeziehung* ankommt, das heißt auf die Art und Weise, in der wir als Subjekte Welt erfahren und in der wir zur Welt Stellung nehmen; auf die Qualität der *Weltaneignung*« (R 19).

Einleitend präsentiert Rosa drei Personenpaare, um idealtypische Weltaneignungsmodelle zu skizzieren: die Nachwuchskünstler Gustav und Vincent; »zwei Frauen in den sogenannten besten Jahren« (R 20, nicht der beste Halbsatz des Buches!): Anna und Hannah; sowie das Zwillingspaar Adrian und Dorian. Lebensweltliche Konkretion ist also gewollt, die zentrale Vokabel

Resonanz kokettiert mit Beschwingtheit und einer Willkommenskultur für Lesewillige. Gleichsam Resonanzen vorwegnehmend, wird am Ende des Buches hübsch ironisch ein fiktiver Diskurs mit den mutmaßlichen Kritikern und Verächtern dieser Theorie angezettelt. Für soziologische Theoriebetriebsmenschen mit überanstrengten Sonderforschungsbereichs-Vokabularien ist dieses Buch eine Zumutung schlechthin.

Und auch diese Offenheit überrascht: Die Religion ist nicht das Schmuddelkind innerhalb der von Rosa neu vermessenen Gelehrtenrepublik, sondern neben den horizontalen Resonanzachsen (Familie, Freundschaft, Politik), den diagonalen Resonanzachsen (Objektbeziehungen, Arbeit, Schule, Sport und Konsum) taucht unter dem Rubrum *Vertikale Resonanzachsen,* die sich mit dem ›Umgreifenden‹ (Karl Jaspers) befassen, auf dem ersten Platz die Religion auf, gefolgt von Natur, Kunst und Geschichte. Zwar ist der Alleinanspruch als Sinnagentur des Vertikalen dahin, aber sie, die Religion, steht immer noch *primo loco*. So viel Offenheit erzeugt selbstredend aufseiten der Theologinnen und Theologen nahezu Euphorie. Prompt wurde Rosa als Generalbevollmächtigter für Resonanz zum Evangelischen Kirchentag 2017 eingeladen, obwohl er in seinem Resonanzbuch offensiv mit dem Katholizismus flirtet und die katholische Komfortzone resonanztechnisch nachdrücklicher schätzt: »Ist Resonanz katholisch, weiblich, jung?« (R 645) Das Fragezeichen ist ein Flirt mit der eigenen Scham.

Das Eingangszitat oben macht es deutlich: Das *Opus magnum* von Rosa ist ein zweibändiges, auch seitenstarkes Werk. Vor zwanzig Jahren veröffentlichte Rosa sein bereits mit viel Aufmerksamkeit belohntes Buch: *Beschleunigung*. »Eine Gesellschaft«, so Rosa in einem späteren Text, kann »genau dann modern genannt werden, *wenn sie sich nur (noch) dynamisch zu stabilisieren vermag, wenn sie also systematisch auf Wachstum, Innovationsverdichtung und Beschleunigung angewiesen ist, um ihre Struktur zu erhalten und zu reproduzieren.*« (GL 20) Nach Rosa erfährt die der Moderne eingeschriebene Fortschrittsthese aktuell eine Schubumkehr: »Zum ersten Mal seit 250 Jahren hat die Elterngeneration flächendeckend nicht mehr die Erwartung, dass es den Kindern einmal besser gehen wird als ihr selbst. (…) Wir Heutigen laufen nicht mehr auf ein verheißendes Ziel vor uns zu, sondern vor dem katastrophischen Abgrund hinter uns davon. Das ist ein kultureller Unterschied ums Ganze.« (GL 29) Die »Status-quo-Erhaltung durch Steigerung« (Gl 21), die noch subkutan vom asketischen Geist der protestantischen Ethik angetrieben wird, frisst sukzessive die Möglichkeitsspielräume auf und endet im Burnout: »Burnout wird meines (auf der Basis empirischer Evidenzen fußenden) Erachtens nicht durch viel Arbeit und auch nicht durch den Zwang zum schnellen Laufen verursacht, sondern durch die Abwesenheit jeglicher Zielhorizonte. (…) Dass man immer schneller laufen muss, nur um seinen Platz zu halten, macht den Menschen fertig. (…) Burnout lässt sich dabei als eine Extremform der Entfremdung verstehen.« (GL 31f.)[1] Burnout ist ein Symptom für die strukturelle Überforderung des auf Reichweitenvergrößerung geeichten individuellen Verhaltens. Das Streben nach Radiuserweiterung findet sich nicht nur im Bereich gesellschaftlicher Institutionen, sondern nistet zugleich in der Reichweitensehnsucht des Individuums. Anders gewendet: Die Perspektive der ersten und der dritten Person müssen in dem von Rosa favorisierten Soziologieprojekt zusammen in den Blick genommen werden.

Und warum scheitert das Projekt der Moderne? *Entfremdung* resultiert als Pathologie aus der »strukturell auf die systematische Vergrößerung der Weltweitreichweite« (RaS 11) hinzielende *Verfügbarmachung von Welt*: Moderne als das »Programm, Welt unter den Auspizien der Steigerung ökonomisch und technisch *verfügbar*, wissenschaftlich *erkennbar* und *beherrschbar* sowie politisch und administrativ *steuerbar* zu machen«, hat, so Rosa, »eine überaus paradoxe Kehrseite, welche sich gerade als die Grundangst der Moderne identifizieren lässt. Diese besteht in der Wahrnehmung, dass die gleichsam wissenschaftlich, technisch und politisch attackierte Welt vor unserem systematischen Zugriff systematisch zurückzuweichen scheint; dass mit jeder Reichweitenvergrößerung der Horizont des Nicht-Erreichbaren und Nicht-Verfügbaren immer weiter anwächst und dass uns zugleich die verfügbar gemachte Welt gleichsam die Antwort verweigert, dass sie stumm zu werden droht.« (RaS13) Semantisch hat diese Furcht in vielen Begriffen Zuflucht gefunden, als *Entfremdung* (Karl Marx), *Entzauberung* (Max Weber), *Verdinglichung* (George Lukács bis Axel Honneth), *Verlust der Aura* (Walter Benjamin), *Geburt der Absurdität* (Albert Camus, Gerd Theißen), *Weltverlust* (Hannah Arendt), im *Vordringen der instrumentellen Vernunft* (Adorno, Horkheimer), der *Unlesbarkeit* (Hans Blumenberg), als *Kolonialisierung der Lebenswelt* (Jürgen Habermas). In all diesen Gestalten zeigt sich »die eine fundamentale Furcht vor dem Verlust der Welt als einem antwortenden, der Erfahrung zugänglichen Gegenüber – kurz: die Furcht vor dem Weltverstummen« (RaS 14). Als Antwort auf die eskalatorische Dynamik und das drohende Verstummen der Welt bestimmt Rosa prompt seine mit Verve vorgetragene Soziologie guten Lebens konsequent als »steigerungsunabhängig« (R 674).

Begrifflich ruht das Resonanzkonzept[2] auf vier Basis-Elementen auf: *Affizierung, Selbstwirksamkeit, Transformation, Unverfügbarkeit*. Uns trifft plötzlich und unerwartet etwa ein Blick, der uns involviert, wir sind also *affiziert*. Mit diesem Ausgangspunkt reiht sich Rosa zunächst ein in Passivitätstheorien der letzten Jahrzehnte, allerdings übertreibt er es nicht mit der Passivität, sondern nimmt den Schwung mit, den Hermann Schmitz als Entdecker der Resonanz am Beispiel des Leibes ausgemacht hat, und fordert als zweites Element die *Selbstwirksamkeit* der Antwort ein, dann, wenn auf einen Blick als Antwort ein *Blicktausch* stattfindet. Damit verabschiedet er sich von Einseitigkeiten etwa aus der philosophischen Tradition eines Jean-Paul Sartre, der den Bick eines Anderen als Verdinglichung deutet, und eines Emmanuel Levinas, der den Blick als Verantwortung einfordernden Anruf ausgibt (dazu Strasser, DG, auch Rosa), der jeden Menschen dazu nötigt, zur Geisel (otage) des Anderen zu werden. Im Idealfall führt der *Blicktausch* zu einer Transformation beider, weil etwa beider Selbstbilder sich wandeln und gebündelt zu einer »radikale(n) soziale(n) Transformation« (ZK 201) beitragen. In Rosas Sprache gesagt: »Ohne die Trias aus Af←fizierung (im Sinne der Berührung durch ein Anderes), E→motion (als Antwort, durch die eine Verbindung entsteht) und anverwandelnder Transformation bleibt die Aneignung eine Beziehung der Beziehungslosigkeit.« (RaS 19) Rosa ist an Begegnungen interessiert, »von denen wir sagen, sie hätten uns zu einem ›anderen Menschen gemacht‹«. (RaS 18) Rosa wird nicht müde zu betonen: »Resonanz ist kein Zustand des Subjekts, sondern eine ›objektive‹ Beziehungsqualität.« (ZK 206) An anderen Stellen spricht er von einer »relationalen Ontologie« (ZK 197), genauer zielt die »Soziologie der Weltbeziehung darauf ab, den Subjektivismus der abendländischen Philosophie ebenso wie die cartesianische Subjekt-Objekt-Trennung zu überwinden, indem sie Resonanz als ontologischen Grundbegriff, nicht als (emotionalen) Zustand im Subjekt verortet, sondern als dynamische Beziehung zwischen Entitäten, aus denen Subjekt und Objekt erst hervorgehen.« (ZK 196f.)

Diese Trias der Begriffe ist eingebettet in den Raum der *Unverfügbarkeit*, der als Kontrastbegriff zur kulturellen Technik der

Verfügbarmachung als soziale Formation der Moderne auftritt. Zunächst bin ich als Leser bereit zuzustimmen: Beglückende »Einheitserfahrungen« etwa in einem Fußballstadion sind unverfügbar, bereits ein Remis meines Vereins erzeugt nur halbherzige Resonanz. Man kann Resonanz nicht »erzwingen« (RaS 19). Ja. Und doch legt Rosa, der noch einen gesonderten Essay (*Unverfügbarkeit*) zum Thema publiziert hat, auf diesen Punkt zu starkes Gewicht. Es gibt ganze Berufszweige wie etwa Bühnenbildner, Kostümausstatter, Cutter, Covergestalter, Kameraleute, die resonanzerzeugende Atmosphären inszenieren und Bedingungen für Begegnungen herstellen. Richtig. Auch dann muss eine Begegnung nicht klappen, aber mit gleichem Recht darf man erinnern: Es klappt doch häufig erstaunlich gut. In den Feuilletons gibt es nicht nur Verrisse. Atmosphären können aktiv hergestellt werden.

Unverfügbarkeit erinnert zugleich übermächtig an den religiösen Offenbarungsbegriff. Auch hier ist man zunächst gewillt zuzustimmen: Offenbarung stellt sich unverfügbar ein. Aber. Biblische Autoren haben den Ehrgeiz, religiöse Erfahrungen textlich so zu inszenieren, dass sie auf den Leib der Lesenden überspringen und im Idealfall orientieren, inspirieren und transformieren. Auch Rosas Rede von den Resonanzachsen macht deutlich, dass es Orte gibt, wo die Chance auf Resonanzerfahrung besonders ausgeprägt ist und jeder gut beraten ist, diese Resonanzachsen zu pflegen. Wiederholt spricht er mit einer prächtigen Metapher von »Resonanzoasen« (R 196 u.ö.).

Nachhaltig aufregend an dem Entwurf von Rosa ist die dem Entwurf eingeschriebene Normativität, sein Ansatz ist deskriptiv und normativ zugleich. Rosa spricht von einem »normativen Monismus« und »meint mit diesem Begriff den Anspruch, dass Resonanz den alleinigen *normativen Maßstab* für eine Gesellschaftskritik bilden soll: die Idee, dass Resonanz als eine Art ›Metanorm‹ fungieren kann, die erstens den Geltungsanspruch der anderen Normen *begründet* und zweitens ihre Einhaltung *motiviert*.« (ZK 202)

Dieser Anspruch ist nicht unwidersprochen geblieben, etwa indem Hilge Landweer in einem fulminanten Essay ein zusätzliches Kriterium einfordert, um zwischen guten und schädlichen Resonanzbeziehungen zu unterscheiden. (RiiG 57-69) Diese Idee überzeugt zunächst, ringt aber doch mit dem Problem, nicht präzise angeben zu können, was denn die definitive Bestimmung eines Lebens ist, die dazu zwingen würde, ein hartes Wahrheitskriterium einzufordern. Das setzt letztlich (quasi) essenzialistische Argumentationen voraus. Jeder Mensch muss in dieser Hinsicht die Vernunft dafür einsetzen zu prüfen, welche Konsequenzen es für das jeweilige In-der-Welt-sein bedeuten kann, auf höchst diverse Resonanzen einzugehen. Rosa betont auch deshalb nachdrücklich das »Recht auf Resonanzverweigerung« (ZK 200). Als Kriterium bleibt die resonante *Qualität* der Weltbeziehung.

Bernd Sommer, er leitet den Forschungsbereich »Klima, Kultur und Nachhaltigkeit« am Norbert Elias Center der Europa-Universität Flensburg, hat in einem Aufsatz (RiiG 151-163) im Namen der Nachhaltigkeit gefordert, andere moralische Prinzipien zuzulassen (und damit den Monismus aufzugeben), Rosa kann aber überzeugend zeigen, dass additive Moralkonzepte nicht weiterführen: »Das Kriterium der Nachhaltigkeit«, so Rosa, wird »nullifiziert, wenn man den ökologischen Gesichtspunkt einfach additiv neben den ökonomischen und den sozialen stellt: Welcher Gesichtspunkt soll entscheiden, wenn ökologische Nachhaltigkeit, soziale Gerechtigkeit und wirtschaftliche Effizienz in Widerspruch geraten?« (ZK 203f.) In dieser Hinsicht hat die holistische und eben »nicht additive Konzeption des guten Lebens«

den Vorteil, die drei stabilen Resonanzachsen, auch die »umgreifende Realität« – also »Natur, das Leben, die Welt, das Universum, die Geschichte oder Gott« (ZK 202) – im Blick zu behalten. Rosa wählt als Beispiel eine Ehefrau, die in einer ›intakten‹ Kernfamilie lebt, wo es durchaus Resonanzgeflechte gibt, dann aber plötzlich in eine Verliebtheit als »Idealfall einer reinen Resonanzbeziehung, also dem Modell selbstwirksamen Berührens und Berührtwerdens« (ZK 205) gerät. Funktioniert hier das Metakriterium? Rosa meint ja, weil nur ein Blick auf die »Resonanzqualität des Lebens insgesamt« (ZK 206) hier eine Antwort erlaube. Rosas Theorie taugt also auch als Eheberatungsagentur.

Auf den ersten Blick überzeugend finde ich Rosas Vorschlag, nicht mit einem Streit über unterschiedliche Moraltheorien als Handlungstheorien zu beginnen, sondern den Resonanzbegriff zunächst für eine *Orientierung* einzusetzen: Rosa ist davon überzeugt, dass »›Resonanzsensibilität‹ besser als jede Moraltheorie dazu geeignet ist, in moralischen Konflikten einen ›Richtungssinn‹ zu gewinnen.« (ZK 206f.) Die Frage nach der Letztbegründung (*»Warum sollte ich kein Unrecht begehen?«*) und die nicht minder komplizierte Frage nach der Motivation wird über die Verwundbarkeit des Anderen und des Selbst – eine Begründunglinie, die sich bereits bei Levinas findet – gelöst: »Die resonanztheoretische Antwort darauf lautet: ›Du sollst kein Unrecht tun, weil der Andere wie du selbst resonanzfähig ist, und weil du ebendieses am eigenen Leib erfährst. Andere Menschen auszubeuten oder zu unterdrücken oder zu misshandeln bedeutet, sich taub zu machen gegenüber dem Resonanzappell, gegenüber dem Anruf, den wir in ihren Augen und ihren Stimmen erfahren.‹« (ZK 207f.) Lebewesen können sich, so Rosa, zwar gegen jeden Resonanzappell »verhärten«, aber »nur um den Preis der Senkung ihrer eigenen Resonanzfähigkeit – und damit ihrer ›Lebensqualität‹. Deshalb kann es kein gutes Leben geben, das auf Unterdrückung basiert oder mit brutaler Ausbeutung von Menschen in anderen Weltregionen oder mit der Zerstörung der Lebensgrundlagen erkauft wird.« (ZK 208)

Im interdisziplinären Gespräch mit der Theologie wurde wiederholt die Frage gestellt, ob dem neuen Ansatz von Rosa »eine eschatologische oder soteriologische Idee« (ZK 191) zugrunde liege. Zwar schärft Rosa selbst ein: »Die Resonanztheorie darf keinesfalls als Heilstheorie missverstanden werden.« (R750) Aber im Text taucht der Begriff Heil explizit wiederholt auf und manche Formulierungen bedienen (versteckt) religiöse Offenbarungssemantik: »*Resonanz ist das (momenthafte) Aufscheinen, das Aufleuchten einer Verbindung zu einer Quelle starker Wertungen in einer überwiegend schweigenden und oft auch repulsiven Welt.* Deshalb sind Momente intensiver Resonanzerfahrung (der Sonnenuntergang, die betörende Musik, das Verliebtsein) stets auch erfüllt von einem starken Moment der Sehnsucht: Sie bergen das *Versprechen* auf eine andere Form der Weltbeziehung – in gewisser Weise lässt sich vielleicht sogar sagen: *ein Heilsversprechen* (Hervorhebung von mir, K.H.) –; sie vermitteln die Ahnung von einer tiefen Verbundenheit; aber sie beseitigen nicht die dazwischenliegenden Formen der Fremdheit und der Unverfügbarkeit. Die Wirkung von Resonanzerfahrung ist daher weniger der unmittelbaren Bestätigung und Bekräftigung (…) als vielmehr eine der *Verwandlung: Berührung* meint immer auch eine Verflüssigung der Weltbeziehung, deren Folge es ist, dass Selbst und Welt verändert aus der Begegnung hervorgehen. Daher (…) sind Resonanzbeziehungen Ausdruck gelingender *Anverwandlung* von Welt, nicht Formen ihrer *Aneignung* im Sinne einer Ressourcenerweiterung.« (R 317f.)

Diese Unterscheidung ist für Rosa offenbar sehr wichtig, weil er in einem Diskursband zu seiner Soziologie nochmals betont:

»Das im letzten Satz des Resonanzbuches formulierte Credo, *eine bessere Welt ist möglich* (762), trägt keinen soteriologischen Charakter, es impliziert nicht die Überwindung der ›Welt‹ und den Anbruch eines neuen Zeitalters, sondern die *rein innerweltliche Möglichkeit* einer anderen Sozialformation, genauer: die Ersetzung des gesellschaftlichen Reproduktionsmechanismus dynamischer Stabilisierung durch ein anderes Prinzip (etwa das der adaptiven Stabilisierung) und eine kulturelle Neuorientierung, wie sie sich im Laufe der Geschichte schon mehrfach vollzogen hat.« (ZK 210) Unter adaptiver Stabilisierung im Unterschied zu dynamischen Stabilisierung geht es darum, auf Krisen zwar mit Innovation und auch Beschleunigung und Wachstum reagieren zu können, ohne Wachstum als *naturwüchsig* zu deuten. Offenbar ist Rosa kein Anhänger einer (säkularen) Heilsgeschichte, obwohl innerhalb der Kritischen Theorie als deren Erbverwalter Rosa auftritt, Geschichtsphilosophie geschätzt wurde (Alfred Schmid). Rosas Argument freilich ist aufregend unpräzise, weil Rosa offenbar zwischen präsentischer Eschatologie, futurischer Eschatologie und Apokalyptik begrifflich nicht unterscheidet. Im Protestantismus gibt es aber eine starke liberale Tradition (etwa bei Albrecht Ritschl) just innerweltlicher und nicht nur futurischer oder apokalyptischer Eschatologie, die ebenfalls auf eine strukturverwandte »radikale soziale Transformation« (ZK 210) der Welt zielt. Hier gibt es einen stärkeren überlappenden Konsens, als Rosa zuzugeben bereit ist.[3] In dieser Hinsicht bedient Rosa in der Tat ein versteckt soteriologisches Modell.

Auffallend auch, wie formal und inhaltsleer Rosa seinen normativen Monismus ausgestaltet, darin durchaus Kant verwandt, der den kategorischen Imperativ bekanntlich ebenfalls von inhaltlichen Füllungen freihält. Obwohl Rosa auf Konkretion und Lebensnähe zielt, fehlt ein entscheidender Punkt, den Hermann

Schmitz zum Schlüsselbegriff erhebt, den der spielerischen Identifizierung – ein Begriff, der innerhalb der Soziologie, die die soziale Rolle zu einem Grundbegriff gemacht hat, nicht fremdeln muss. So richtig es ist, wenn Rosa an Begegnungen interessiert ist, »von denen wir sagen, sie hätten uns zu einem ›anderen Menschen gemacht‹« (RaS 18), ist Rosa Opfer seiner Unverfügbarkeitsthese, wenn er Menschen nicht auf Angebote spielerischer Identifizierung, die in der Kultur überreichlich angeboten werden, hinweist, jene Heroinnen und Halbgöttinnen, denen man entlastend nacheifern kann, sofern diese Begegnungen die Prüfung durch die Vernunft bestanden haben. Rosas Theorie hat eine elitäre Schlagseite. Die Inhaltsleere ist schließlich auch einem Defizit der spät etablierten Soziologie geschuldet. Anders als etwa die Philosophie und die Religionen (Theologien), besitzt die Soziologie keine *Großerzählung einer Begegnung* (Sokrates, Jesus, Buddha), die inhaltliche Haftpunkte bietet. Als Spätgeborene beginnt ihre Arbeit am Mythos auf dem Spielfeld der Entzauberung. Rosa unterbreitet aber das spannende Angebot einer sachten Wiederverzauberung, die sich von tradierten Identifikationsangeboten freilich sichtbar freihält.[4]

Die Begegnung mit den Bildern oder: Aby Warburgs Bilder-Atlas als Lebenskunde

Eine der schönsten Legenden über eine lebensorientierende Begegnung berichtet Max Warburg, Bruder von Aby Warburg, später gefeierter Begründer der *Ikonographie*, einer der Bestimmung und Bedeutung von Motiven nachgehenden Kunstwissenschaft. Aby Warburg verspürte wenig Lust, als ältester Sohn des Bankiers Moritz Warburg künftig die Bankgeschäfte zu übernehmen, und trat sein Erstgeburtsrecht an seinen jüngeren Bruder ab: »Als er dreizehn Jahre alt war, offerierte er mir sein Erstgeborenenrecht. Er als Ältester war bestimmt, in die Firma einzutreten. Ich war damals zwölf Jahre, noch nicht sehr überlegungsreif, und erklärte mich einverstanden, ihm das Erstgeborenenrecht abzukaufen. Er offerierte es mir aber nicht für ein Linsengericht, sondern verlangte von mir eine Zusage, daß ich ihm immer alle Bücher kaufen würde, die er brauchte. Hiermit erklärte ich mich nach sehr kurzer Überlegung einverstanden. Ich sagte mir, daß schließlich Schiller, Goethe, Lessing, vielleicht auch noch Klopstock von mir, wenn ich im Geschäft wäre, doch immer bezahlt werden könnten und gab ihm ahnungslos diesen, wie ich heute zugeben muß, sehr großen Blankokredit. Die Liebe zum Lesen, zum Buch […] war seine frühe, große Leidenschaft.«[1] Zum Zeitpunkt des Todes von Aby Warburg umfasste die Bibliothek 60.000 Bände.

Aus der *Begegnung mit den Büchern* wurde eine Leidenschaft für die Bilder und die Geschichten, die sie erzählen. So wurde Aby Warburg zum ersten Bildwissenschaftler, der schon sehr früh die

Prägekraft von Bildern untersuchte und damit auch eine Methodenhilfe an die Hand gab, um unsere Gegenwart zu lesen und zu deuten, die, wie keine Zeitspanne vorher, so umfassend von Bildern dominiert wird. Der Bilder-Ozean ist unsere Alltäglichkeit, Aby Warburg unser Lotse. Bereits Warburg entdeckte, wie bis in die Werbung hinein Gesten, die unsere Konsumwilligkeit wecken und lenken wollen, aus Bildwerken der Antike importiert wurden und bis heute importiert werden und ein Nachleben haben: Die neuen Bilder sind oft die angehübschten alten Bilder.

Innerhalb der Gelehrtenrepublik hat Aby Warburg inzwischen einen festen Platz, nur die Theologie verirrte sich in den Korridoren, dabei hat er, als Jude im protestantischen Hamburger Bürgertum sozialisiert, zuhause am liebsten in der italienischen Renaissance eine für eine theologische Lebenslehre ganz entscheidende Pointe markiert: *Im Unterschied zur Lebenslehre der Antike ist die Lebenslehre des Judentums und Christentums nicht tragisch.* Ich konzentriere mich in dieser knappen Skizze auf diesen an Bildern ausgemachten Erkenntnissprung von olympischer Weite. Was eine leibfreundliche Lebenslehre von Warburg lernen kann, ist nichts Geringeres als die »Bildersprache der Gebärde«[2] in einer ganz spezifischen Umdeutung.

Der Klang seiner Königsvokabel lässt die Theolog*innen sofort aufhorchen: *Pathosformeln*, ein Begriff, der an Rudolf Ottos Begriff des Heiligen als *mysterium tremendum et fascinans, als Geheimnis, das gleichermaßen fasziniert wie erschreckt,* erinnert. (Vgl. de Lange, Ol) Rudolf Otto überträgt der Theologie die Aufgabe, die wilden Energien, das Irrationale am Heiligen zu rationalisieren, Warburg zeigt, wie dieser Prozess auch von Künstlerhand vollzogen wird.

Als ›Pathosformeln‹ bezeichnete Warburg den Vorrat von »Ausdrucksformen des maximalen inneren Ergriffenseins«[3], wie sie in der antiken Kunst anfänglich verdichtet wurden. Berühmt geworden ist der von Warburg orchestrierte ›Mnemosyne-Bilderatlas‹ (Mnemosyne ist die Mutter der Musen und die Göttin des Gedächtnisses), der wie ein Bilderbuch auf 99 Tafeln mit über tausend Exponaten diese Tradierung von Gesten des maximalen Ergriffenseins in der Kunst bis hin zur Werbung sinnfällig macht. Der italienische Philosoph Giorgio Agamben hat in seinen *Noten zur Geste* treffend dafür plädiert, Warburg nicht als Bildwissenschaftler im engen Sinne zu deuten, sondern als Gestenwissenschaftler, der sich am Medium des bewegten Bildes, des Kinos, orientiert: »Weil diese Studien sich im Medium der Bilder verwirklichten, glaubte man, das Bild sei auch ihr Gegenstand. Warburg indes machte das Bild (...) zu einem entschieden historischen und dynamischen Element. In diesem Sinne ist der unvollendet hinterlassene Atlas Mnemosyne mit seinen tausend Fotografien kein unbewegliches Bilderrepertoire, sondern eine Repräsentation der Gesten der abendländischen Menschheit [...] in virtueller Bewegung. [...] (I)nnerhalb jedes Abschnitts müssen die Bilder eher als Einzelbilder eines Films gesehen werden, denn als autonome Realitäten.«[4]

Wenn Warburg von Pathos*formeln* spricht, dann deutet er damit an, dass es sich hierbei um Bildfindungen handelt, die einen bereits *besonnenen* Umgang mit extrem leidenschaftlicher Erfahrung beschreiben, oder, wie sein kongenialer Schüler Gombrich pointiert: um ›ritualized gestures‹. »I should like to propose as my principal hypothesis that as far as gesture is concerned the schema used by artists is generally preformed in ritual and that here as elsewhere art and ritual, using the word in its narrow cultural sense, cannot easily be separated.«[5]

Immer am ›bewegten Leben‹ interessiert, verfolgt Warburg diese ›Energien‹ und ihre ›Bearbeitung‹ oder genauer: ›Zähmung‹ in Bildprozessen. Die antiken extrem ekstatischen Ausdrucksgebärden, wie sie vor allem in den auf Trance und Massenrausch spezialisierten Dionysos-Kulten auftreten, speichern als symbolische Formen den *dramatischen Konflikt von orgiastischer Ergriffenheit (Pathos) und ritualisierter, bändigender Geste (Formel).* Anders gewendet: Das irrationale, das dämonische und ängstigende Element am Göttlichen im Dionysos-Kult wird in ritualisierten Gesten gezügelt. Treffend fasst Gombrich die Intention Warburgs, der einen zwar nicht linearen, aber doch nachweisbaren *Entdämonisierungsprozess* in der Kulturgeschichte auszumachen glaubt, zusammen: »Nicht sich unmittelbaren phobischen Reaktionen ausliefern, sondern die Zeitspanne der Reflexion ausdehnen: das ist das Ziel wahrer Kultur.«[6]

Pathosformeln also. In diesem Portalbegriff, in Warburgs Königsvokabel, spiegelt sich letztlich auch Warburgs persönliche psychologische Disposition wider, denn viele Jahre verbrachte Warburg mit einer manisch-depressiven Psychose in einem Sanatorium unter Leitung von Ludwig Binswanger – ein wahrhaft Großer seines Fachs. Dieses Handicap hinderte ihn nicht daran, bei der Arbeit am Bilderatlas eine neue Entdeckung zu machen. So viel wird man anhand des auch von Warburg vorgestellten Bildmaterials sagen dürfen: In christlichen Bildfindungen werden die ekstatischen, oft gewaltgesättigten Gesten aus den Dionysos-Kulten zu Barmherzigkeits- und Heilungs-Gesten oder Zuwendungsgesten lebensdienlich umgedeutet. Noch einmal der kongeniale Interpret Gombrich: »Warburgs Untersuchungen«, so Gombrich, »ließen ihn aber auch an eine andere Form der Rezeption denken: an eine Neuinterpretation. Der Künstler, der die gefährlichen thiasotischen (von thiasos = im Zug des Dionysos, K.H.) ›Superlative‹ verwendet, kann sich auf die ganze Energie dieser Symbole stützen, ohne deshalb ihrer *archaischen Geisteshaltung* (Hervorhebung von mir, K.H.) verfallen zu müssen. Er kann sie in einem anderen Zusammenhang verwenden, ihren ursprünglichen wilden Sinn ›umkehren‹ und doch aus ihrem Wert als Ausdrucksformeln einen Gewinn ziehen. Auf diese Weise hatte Bertoldo di Giovanni eine heidnische Mänade (rasende Frau im Dionysos-Kult, K.H.) als Vorlage benutzt, um den leidenschaftlichen Schmerz der Magdalena unter dem Kreuz auszudrücken, und Donatello hatte nach Warburgs Ansicht ein Sarkophagrelief, auf dem Pentheus von Mänaden in Stücken gerissen wird, für seine eigene Komposition im Santo in Padua verwendet. Wo heidnische Ekstase ein von rasenden Frauen abgerissenes Bein abgebildet hatte, da ›invertiert‹ der christliche Künstler nun das Motiv und verherrlicht die Heilung eines gebrochenen Beins.«[7]

Aber auch das trifft zu. Die von Warburg im Unterschied zu den griechischen Pathosformeln der *Tragik* herausgestellten römischen Pathosformeln des *Triumphes* haben ihren Niederschlag in Bildwerken gefunden, die den Sieg des Judentums und Christentums über das Heidentum in stolzer Pose, mit »imperatorische(m) Pathos«[8] ausgestattet, zur Darstellung bringen. Die auf einem Lederschild Andrea del Castagnos dargestellte Triumphgebärde Davids etwa ist eine Umdeutung oder Inversion eines antiken Bildwerkes, nämlich die Umdeutung der ursprünglichen Schutzhaltung eines Pädagogen der Niobiden[9], der sich vor den Pfeilen von Apollo und Artemis schützen will. Niobe hatte sich gegenüber Leto mit ihrem Kinderreichtum gerühmt und musste diese Hybris mit dem Tod der Kinder büßen. Sie selbst erstarrte zu Stein.

Mänade von einem
neu-attischen Relief,
Napel, Museo Nazionale

Bertoldo di Giovanni
»Kreuzigung«, Florenz,
Museo Nazionle

Bacchus-Sarkophag mit Mänaden, Pentheus tötend, Pisa, Campo Santo

Donatello »Der heilige Antonius heilt den jähzornigen Jüngling«, Padua, Basilica di S. Antonio

Pädagoge aus der Niobidengruppe, Florenz, Uffizien

Andrea del Castagno »David« (auf ein Lederschild gemalt), Washington, National Gallery of Art, Widener Collection

Die unbändige Kraft ekstatischer Betroffenheit, so die Pointe, wird beibehalten und doch positiv kanalisiert.[10] Und als Betrachterin der Bilder wird die Bewegungssuggestion, die den Gesten eingeschrieben ist, übertragen und eingeleibt. Bilder handeln.[11] Warburgs Stärke besteht darin, zeigen zu können, dass der *religiös-kulturelle Prozess der Entängstigung und Affektbindung im Christentum noch einmal eine markante Beschleunigung erreicht.*

An dieser Stelle füge ich mein Lieblingszitat ein. Es ist schon etwas verschlissen und abgestoßen, strahlt aber noch immer. Der große Stoa-Forscher Max Pohlenz hat diesen Mentalitätswandel sehr genau beschrieben. »Als die stärkste religiöse Macht erwies sich das Christentum. (...) Es erwies vor allem durch die Tat, daß es eine viel wirksamere ›Lebenskunst‹ war als die alte Philosophie. Aus ehrlicher Überzeugung reden die Apologeten stolz davon, daß bei den Christen ein ›Neues Leben‹ herrsche; und namentlich die aus dem Herzen quellende werktätige Nächstenliebe, die den Armen und Kranken, den Witwen und Waisen in ihrer Not beisprang, war wirklich etwas Neues, auch gegenüber der brüderlichen Zuneigung der Stoa, die praktisch nicht voll zur Auswirkung kam, weil sie durch die theoretische Überzeugung gehemmt wurde, daß es auf die Außendinge für die Menschen nicht ankomme und er auch im materiellen Elend glücklich sein könne.«[12]

Aby Warburgs Begegnung mit Bildern und Büchern, seine Entdeckung der Sinnmaschine Bild, zeigt sinnfällig, wie die Macht wilder Energien, also extremer Ergriffenheit, die auch als Gewalt erfahren wird, in Gesten eingefangen und in eine ritualisierte Form gebracht wird, die zugleich Bändigung von Macht ist. Aber diese Bändigung erlaubt es nicht, das tragische Modell antiker Selbstdeutung zu überwinden. Dieses geschieht erst im jüdischen und christlichen Deutungsspielraum, wenn Gewaltgesten zu Heilungsgesten und Abwehrgesten zu Triumpf-Gesten umgedeutet werden. Das Judentum und Christentum sind *tragödienkritische Deutungsschulen,* die den Caritas-Gedanken und die Idee der Auferstehung (im Judentum erst sehr spät Thema) zentral positionieren. Warburgs Begegnung mit den Bildern zeigt, wie der Streit um Lebenslehren auch in der Kunst durch Bildpolitiken ausgetragen wird und die Angst bändigt: *Die Lebensdeutung des Judentums und Christentums ist nicht tragisch, sondern caritativ praktisch.* Und präzise deshalb offenbar über Jahrtausende hinweg attraktiv. Noch heute dienen diese Bilder als »Energiekonserven« (Warburg). Allerdings lassen sie sich in der Werbung hinterrücks instrumentalisieren. Auch das zeigt Warburg.

Aufblühen dank Martin Seligman

Positive Psychologie als Theorie gelingenden Lebens

Wer innerhalb eines eingeübten Forschungsportfolios und gegen den Großtrend Neues riskiert, wird gerne von den Lordsiegelbewahrern des älteren Paradigmas als Randsiedler und Big Blender stigmatisiert. Nicht selten wird dann das eigene Selbstbild mit externen Anleihen aufpoliert und ein Text, der eigentlich ein ausgeruhtes Buch werde sollte, wirkt emotional überorchestriert. So geschehen bei Martin Seligman, den Giganten der *Positiven Psychologie,* der sich selbstbewusst als Prophet deutet: »Die Positive Psychologie hat mich gerufen, so wie Moses aus dem brennenden Dornbusch gerufen wurde.«[1] Oder an einer anderen Stelle, wenn er über seine Arbeit mit dem amerikanischen Militär berichtet, die sich dem Phänomen der *Posttraumatische Belastungsstörung* (PTBS) stellt, notiert er, von seiner eigenen Sendung sichtbar ergriffen: »Meine gesamte Arbeit mit der *Umfassenden Fitness für Soldaten* leiste ich ohne Bezahlung. Wenn ich mit Ihnen zusammensitze, muss ich an den folgenden Bibelvers (Jesaja 6,8) denken: *Und ich hörte die Stimme des Herrn, wie er sprach: Wen soll ich senden? Wer will unser Bote sein? Ich aber sprach: Hier bin ich, sende mich.*« (256)

Seligman als *Jesaja redivivus*. Wer ihm bei dieser Kehre zur Positiven Psychologie nicht folgt, wird gerne mit knickrigen Bemerkungen bedient oder harsch abgeurteilt: »Das ist selten geistlos« (328), bescheidet er den Arbeiten einer Kritikerin, Barbara Ehrenreich (*Smile or Die*).[2] Und auch über an sich selbst adressierte Selbstlobe oder, um seine religiöse Semantik zu bedienen: die

Rituale der Selbstbeweihräucherung im Text seines inzwischen zum Klassiker avancierten Buches: *Flourish. Wie Menschen aufblühen: Die Positive Psychologie des gelingenden Lebens* – eine intellektuelle Biographie und zugleich dank des mitgelieferten Tests der Charakterstärken (343f.) ein formidables Praxisbuch – muss man großzügig (oder gnädig?) hinwegsehen, um die eminente Stärke des Ansatzes nicht aus dem Blick zu verlieren. Manchmal droht Seligman in die Opferperspektive, die er ablehnt, abzurutschen. Und trotzdem liest man das Buch mit großem Vergnügen. Das ist keine kleine Kunst.

Seligman nimmt sich heroisch die Sozialwissenschaften und gleich die gesamte Psychologie vor, wenn er den in den Sozialwissenschaften emeritierten Begriff des *Charakters* erneut ins Rennen schickt: »In den Sozialwissenschaften ist der Charakter schon lange kein Thema« (150). Nachdrücklich und nachhaltig bestreitet er, dass die »Umwelt die bessere Erklärung für Verhalten von Menschen liefere. Fast die gesamte Psychologie des 20. Jahrhunderts und ebenso deren Schwesterdisziplinen Soziologie, Anthropologie und Politische Wissenschaften gingen von dieser Grundannahme aus.« (151) Prompt wird die traditionelle Psychologie deutlich pejorativ als ›gewöhnlich‹ (im Deutschen schwingt immer die Bedeutung: ordinär mit) abgestraft: »Die gewöhnliche Psychologie – die Psychologie der Opfer, der negativen Gefühle, der Entfremdung, der Pathologie und der Tragödie – ist das Stiefkind der Haymarket Square. In der Positiven Psychologie ist die Sicht dieser Dinge ganz anders als in der gewöhnlichen Psychologie: Manchmal sind Menschen in der Tat Opfer (…), aber oft sind die Menschen für ihr Handeln verantwortlich und ihre unglücklichen Entscheidungen ergeben sich aus ihrem Charakter. Verantwortlichkeit und freier Wille sind in der Positiven Psychologie notwendige Prozesse. Gibt man der Umgebung die Schuld, dann wird die persönliche Verantwortung verniedlicht, wenn nicht gar eliminiert. (…) In der Positiven Psychologie kann die Welt nicht dadurch verbessert werden, dass man ungünstige Umstände beseitigt (ich bin keineswegs dafür, Reformen künftig zu unterlassen), sondern auch dadurch, dass man den Charakter, sei er gut oder schlecht, identifiziert und dann formt.« (153)[3] Für einen Tugendethiker wie mich ein prächtiger Vorschlag.

Aufkündigen will Seligman das lange gültige Bekenntnis, die Vergangenheit bestimme das Leben. An dieser Stelle wird der Vatermord an Freud und seinen weltweiten Followern mit Lust begangen: »Letztlich werden Menschen oft, wenn nicht sogar häufiger, von der Zukunft angezogen als von der Vergangenheit bestimmt, und deshalb wird eine Wissenschaft, die Erwartungen, Pläne und bewusste Wahl misst und stärkt, mehr erreichen als eine Wissenschaft der Gewohnheiten, Triebe und Umstände. Dass wir von der Zukunft angezogen werden, statt bloß von der Vergangenheit getrieben zu sein, ist ganz entscheidend und steht in direktem Gegensatz zum Erbe der Sozialwissenschaften und der Geschichte der Psychologie.« (153) Lauter kann man den Abgesang auf Freud nicht herausschreien. Die *Zielerreichung* (36-39) wird prompt zu einem wichtigen Faktor, aber auch Selbstkontrolle und Entschlossenheit, um das Aufblühen voranzutreiben. Als Tugenden oder Charakterstärken nennt er Weisheit und Wissen, Mut, Menschlichkeit, Gerechtigkeit, Mäßigkeit und Transzendenz.

Deshalb hat sich Seligman einen Platz in der streitempfindlichen Psychologie sichern können, weil er seinem Selbstverständnis nach ein Empiriker geblieben ist: »Ich bin ein hartnäckiger Verfechter der Wissenschaft, also mit anderen Worten ein Empiriker, der die Leute piesackt und nicht loslässt, um eine Wahrheit aufzudecken, die wir andernfalls nicht erkennen würden«. (56) Dieses Bekenntnis reichte hin, um Präsident der mächtigen *American Psychological Association* (APA) zu werden.

Aufregend: Martin Seligmans *Opus magnum* ist ein teilweiser Widerruf eines früheren Buches über das Glück (*Der Glücks-Faktor*) – ebenfalls ein Bestseller. »Thales glaubte, alles sei Wasser. Aristoteles meinte, jegliche menschliche Aktivität sei auf das Erlangen von Glück gerichtet. Nietzsche glaubte, alles menschliche Handeln richte sich auf das Erlangen von Macht. Freud meinte, bei allem menschlichen Handeln ginge es um das Vermeiden von Angst. Alle diese großen Geister machten den Fehler des Monismus, indem sie annahmen, alle menschliche Motivation ginge auf ein einziges Motiv zurück. (…) Meine ursprüngliche Sichtweise kam dem Monismus von Aristoteles am nächsten – nämlich dass alles, was wir tun, darauf abzielt, uns glücklich zu machen. (…) Der erste Schritt der Positiven Psychologie besteht darin, den Monismus des »Glücks« in brauchbare Begriffe aufzulösen.« (25)

In *Der Glücks-Faktor* legt Seligman zunächst postkantisch allen Nachdruck auf Dinge, »die wir *um der Sache* selbst willen wählen« und entdeckt drei prägnant unterschiedene Elemente: »positives Gefühl, Engagement und Sinn.« (27) Als »Maßstab« gibt Seligman die »Lebenszufriedenheit aus« und als »Ziel: zunehmende Zufriedenheit« (29), die sich auch empirisch messen lasse. Seligman selbst hat von dieser Ausformulierung gelingenden Lebens oder besser: des glücklichen Lebens Abstand genommen, weil »positives Gefühl, Engagement und Sinn nicht all die Elemente abdecken, die Menschen um der Sache selbst willen wählen.« (32) Zudem ist diese ›goldene Regel‹ »überproportional von der Stimmung abhängig«: »Versteht man Glück nämlich als Stimmung, so verdammt das die 50 Prozent der Weltbevölkerung, die sich durch »niedrige positive Affektivität« auszeichnen, in die Hölle des Unglücklichseins. Auch wenn sie nicht besonders fröhlich sind, mögen die Menschen, die zu jener Hälfte der Menschheit gehören, deren Stimmung nicht hochfliegend ist, doch im Leben stärker engagiert sein und darin mehr Sinn finden als die fröhliche Hälfte.« (31) Schließlich sind Engagement und Sinn nicht zwingend »Ergänzungen von positiven Gefühlen.« (30)

Seligman setzt deshalb neu an und spricht im Spätwerk von einer Theorie des Wohlbefindens oder mit einer floralen Metaphorik vom *Aufblühen*. In dieser Metaphorik verbirgt sich zugleich ein entscheidendes Problem. Seligman ist, wie gesehen, ein überzeugter Empiriker, Wohlbefinden aber kein Ding, das sich messen lässt. Seligman nennt es ein Konstrukt, vergleichbar dem Wetter in der Meteorologie: Es gibt darin Elemente, die das Wetter ausmachen und messbar sind: »Temperatur, Luftfeuchtigkeit, Windgeschwindigkeit, Luftdruck und so weiter.« (33) Entsprechend entdeckt er im Konstrukt Wohlbefinden fünf Elemente: *»Positives Gefühl, Engagement, Sinn, positive Beziehungen und Zielerreichung«* (34, Hervorhebung K.H.), abgekürzt zum Akronym: PERMA (Positive Emotion, Engagement, positive Relationships, Meaning und Accomplishment). Misst man diese Kriterien, dann liegt in Europa im Kampf um das Aufblühen Dänemark weit vor der Schweiz, Finnland und Norwegen.[4]

Ob sich Wohlbefinden verändern kann? Seligman präsentiert sich als nicht naiver Optimist, weil »man nicht alle Aspekte des menschlichen Verhaltens dauerhaft ändern« könne: »Ihr Taillenumfang ist ein hervorragendes Beispiel dafür«, spricht Seligman die Leser*innen an und basht anschließend alle Diäten als »Schwindel« (54). Ausführlich diskutiert er einige Fallbeispiele und Interventionen, formuliert »erfahrungsorientierte Hausaufgaben« (59) wie die »Was gut gelaufen ist«-Übung, das »Dankbarkeits-Tagebuch« und »Dankbarkeits-Briefe«, bietet einen »Charakterstärken-Test« an, gibt einen Überblick über Sitzungen zur Positiven Psychotherapie (57), die mit dem nicht kleinen Anspruch auftreten, Depressionen, auch schwere Depressionen – zu diesem Thema hat der frühe Seligman viel gearbeitet – ohne den Einsatz von Medikamenten therapieren zu können.

Anders als in der klinischen Psychologie will Seligman sich nicht vom »Konzept der Heilung« verabschieden: »Heilung contra Symptomlinderung« (74), so der machtvolle Einsatz, der sich erneut auch gegen Sigmund Freund positioniert: Ziel ist es nicht, das Leid medikamentös zu minimieren! (vgl. 86)[5] Mit diesem Blickwechsel wurde Seligman als ehemaliger Liebling der Pharmaindustrie von dieser verstoßen. Seligman plädiert für einen radikalen Blickwechsel: Er will zunächst und zumeist nicht Schwächen korrigieren, sondern Stärken aufbauen, setzt ganz entschieden auf Wachstum und Transformation. Genauer geht es um einen Dreischritt: *1. Theorie:* »Die Positive Psychologie ist das Studium von positiven Gefühlen, Engagement, Sinn, positiver Leistung und guten persönlichen Beziehungen«; *2. Wissenschaft:* »Positive Psychologie basiert auf wissenschaftlichen Belegen dafür, dass sie funktioniert. Sie benutzt altbewährte Methoden von Messung, Experimenten, Langzeitstudien und randomisierten placebokontrollierten Studien, mit denen evaluiert wird, welche Interventionen funktionieren und welche bloße Augenwischerei sind.« *3. Anwendung.* »Und schließlich hilft das, was wir im Studiengang zum Magister der Angewandten Positiven Psychologie machen, Richtlinien für die Ausbildung und Akkreditierung zu finden.« (109)

Eindrucksvoll auch, wie Seligman seine Positive Psychologie in die Pädagogik einbettet. Ziel ist es, die explodierende Zahl von Depressionserkrankungen bei jungen Menschen in den Griff zu bekommen, indem Resilienz und Optimismus geschult werden.

Dabei kann auch der Schulgottesdienst beitragen, wie Seligman mit Verweis auf ein mehrmonatiges Coaching an einer Schule erklärt: »Während der täglichen Gottesdienste werden Passagen aus der Bibel über Mut, Vergebung, Ausdauer und fast jede andere Stärke verwendet, die die jeweiligen Themen im Unterricht untermauern. Als zum Beispiel in der zehnten Klasse gerade Dankbarkeit das Thema war, ging es in der Predigt von Hugh Kempster im Gottesdient um Bibelstellen, die um das Thema Dankbarkeit kreisten.« (137) Und sogar Video-Designer können eingebunden werden, sofern sie Games entwerfen, »die die positiven Seiten des Lebens stärken.« (142)

Zwei Kapitel, die zunächst überraschen, widmet Seligman der »Fitness für Soldaten« mit dem Ziel, »Posttraumatische Belastungsstörung, Depression, Drogenabhängigkeit, Scheidung und Selbstmord unter den Heimkehrer (zu) verhindern« (183). Auch in dieser Frage soll wieder umgesteuert werden: Nicht gilt es, sich auf die Pathologien zu konzentrieren, also »weg von der Reaktion auf Widrigkeiten«, sich aufmachen »in die Richtung von Resilienz und Wachstum.« (185) Seligman vergisst auch nicht die »geistig-spirituelle Fitness«, in einem Fragebogen werden genannt: »Mein Leben hat einen bleibenden Sinn. Ich glaube, dass mein Leben auf irgendeine Weise eng mit der gesamten Menschheit und der Welt verbunden ist. Der Job, den ich beim Militär mache, hat einen bleibenden Sinn.« (194)

Ins kommunikative Gedächtnis eingespeichert wurde nachhaltig Seligmans Definition von Gesundheit, die just nicht als Abwesenheit von Krankheit gefasst wird: »Positive geistige Gesundheit ist eine Präsenz: die Präsenz positiven Gefühls, die Präsenz von Engagement, die Präsenz von Sinn, die Präsenz von guten Beziehungen und die Präsenz von Leistung und Erfolg.« (258) Empirische Untersuchungen belegen (so der Autor), wie stark Optimismus Krankheiten eindämmen und Leben verlängern kann. Das gilt nicht nur für Herz-Kreislauf-Erkrankungen oder Infektionskrankheiten, sondern, so die euphemistische These, auch für Krebserkrankungen: »Insgesamt wird deutlich, dass optimistischere Menschen eine bessere Krebsprognose haben, und zwar auf einem sehr robusten Signifikanzniveau.« (285) Abschließend wartet Seligman noch mit einem überraschenden empirischen Befund auf: Die Lebenszufriedenheit der reichsten Amerikaner ist nicht höher als die der Amish oder der Inuit. Danach folgen die Massai in Afrika und die Schweden. (318)

Final ruft Seligman Nietzsche in den Zeugenstand, der »das menschliche Wachstum und die menschliche Geschichte durch drei Stadien« beschreibt. »Das erste Stadium nennt er ›das Kamel‹. Das Kamel hockt einfach da, jammert und erträgt die Situation. Die ersten vier Jahrtausende der Geschichtsschreibung sind das Kamel. Das zweite Stadium nennt er ›der Löwe‹. Der Löwe sagt ›Nein‹. Nein zur Armut, Nein zur Tyrannei, Nein zu Seuchen, Nein zur Ungewissheit. Die Politik des Abendlandes kann man seit 1776 oder sogar seit der Formulierung der Magna Carta als Ringen um dieses ›Nein‹ verstehen.« Als drittes Stadium macht Nietzsche »das wiedergeborene Kind« aus. »Das Kind fragt: ›Wozu können wir ja sagen?‹«. An dieser Stelle klinkt Seligman sein Programm einer Positiven Psychologie ein: *»Wir können alle Ja sagen zu mehr positiven Gefühlen. Wir können alle Ja sagen zu mehr Engagement. Wir können alle Ja sagen zu besseren Beziehungen. Wir können alle Ja sagen zu mehr Sinn im Leben. Wir können alle Ja sagen zu mehr positiver Leistung.«* (339)

Zwischenzeitlich war ein giftiges Licht auf die Arbeit von Martin Seligman gefallen, der PERMA-Frost drohte zu schmelzen. In den 1960er-Jahren hat Seligman mit Kollegen zum Phänomen der *erlernten Hilflosigkeit* geforscht. Zu diesem Zweck wurden Hunde,

Ratten und Mäuse mit Elektroschocks traktiert (dafür gäbe es heute keine Förderung): Einer Gruppe wurde jeweils die Möglichkeit zur Flucht gegeben, der anderen nicht. Für die zweite Gruppe galt: »Nach dieser ersten Erfahrung von Hilflosigkeit legten sie sich danach einfach in einem leicht schmerzlichen Schock hin und ließen die Sache über sich ergehen, ohne den Versuch zu machen zu flüchten. Tiere, die zuvor denselben physischen Schock erlitten hatten, die diesem Schock jedoch entrinnen konnten, wurden später nicht hilflos. Sie waren immun gegen erlernte Hilflosigkeit.« (260)

Übertragen wollten Seligman und seine Kollegen diese Ergebnisse in einem Versuchsaufbau mit menschlichen Probanden. Zwei Gruppen wurden jeweils mit einem sehr lauten Geräusch konfrontiert (eine dritte Gruppe wurde keinem Stress ausgesetzt). Die Probanden in der einen Gruppe konnten durch Knopfdruck den Lärm abstellen, während in der zweiten Gruppe unabhängig von den Aktionen der Probanden das Geräusch kam und ging. Vergleichbare Experimente ließen den Schluss zu, dass »Selbstwirksamkeit« und »Bewältigungserfahrungen« (262, 263) die Person und ihren Körper stärken. Positiv anwenden lässt sich diese Erfahrung, wenn gefangene Soldaten in Foltersituation geraten und sich auf Bewältigungserfahrungen rückbesinnen und daraus Kraft schöpfen. Aber. Diese Theorie der erlernten Hilflosigkeit kann in ihr Gegenteil verkehrt werden, wenn sie in Foltersituationen gezielt gegen Dritte zum Einsatz kommt. Die Forschung spricht von ›weißer Folter (oder: *clean torture, no-touch torture*). Das ist ein Camouflagebegriff, gerne fällt auch der Deckname der »innovativen Verhörmethoden«.[6] Rainer Mausfeld, Psychologieprofessor aus Kiel, betont nachdrücklich: »Das absolute *Folterverbot* ist unabdingbarer Kernbestand sowohl des allgemeinen Menschenrechtsschutzes wie auch des humanitären Völkerrechts. [...] Eine

Abwägung mit anderen Rechtsgütern« (230) muss entsprechend ausgeschlossen werden. Gleichwohl wird häufig versucht, mit »*ticking bomb*-Szenarien« (230) den »Absolutheitsrang« zu unterlaufen, um Verhörtechniken zu klassifizieren, die »als *Noch-Nicht-Folter*« (231) durchgehen. Mausfeld spricht von einer »modulare(n) Konzeption von Foltertechniken, deren einzelne Komponenten nicht unmittelbar als Folter erkennbar sind« (231).

Ein Psychologe, der der APA angehörte, James Mitchel, »proklamierte die Herstellung eines Zustandes der erlernten Hilflosigkeit […] als zentrales Instrument ›innovativer Verhörmethoden.« (234) Auf einem vom Pentagon und der CIA veranstalteten Symposium referierte auch Martin Seligman »in einem dreistündige(n) Vortrag (…) über die Herstellungsmöglichkeiten und Auswirkungen der ›erlernten Hilflosigkeit‹« (235). Seligman hat sich später vehement gegen die Anwendung erlernter Hilflosigkeit als ›innovative Verhörmethode‹ gewandt. Erst nach einem peinlich langen Klärungsprozess hat die APA sich von den beteiligten Psychologen distanziert. Ein Beigeschmack bleibt. Das ist die Crux angewandter Wissenschaft: Vor Missbrauch bleiben Wissenschaftler*innen nicht geschützt, ein vertracktes Problem, das nicht nur die Psychologie betrifft. Vielleicht hat Martin Seligman sich an dieser Stelle vorschnell mit Jesaja identifiziert. Und trotz dieser Klebrigkeiten: Seligmans extrem mutige Kehre weg von der Vergangenheit hin zur Zukunft, seine tugendethische Neuausrichtung der Psychologie, die Fähigkeit zu Retraktationen früherer Überlegungen und der optimistische Grundzug seines Ansatzes ist milde ansteckend. Martin Seligmans Konzept des Aufblühens ist ein veritabler Kandidat für eine Theorie gelingenden Lebens.[7] Die Positive Psychologie empfiehlt sich nachhaltig als optimistische Sinnagentur.

Leibesfeier
Lebensschule mit Hermann Schmitz

Player of the match. Darauf war ER abonniert. Und dann kommt die 109. Minute im WM-Finale 2006. Kein ungetrübtes Sommermärchen. Sein Gegenspieler Marco Materazzi zupft an seinem Trikot. Zum wiederholten Mal. ER versucht es mit leicht abfälligem Humor. Materazzi könne das Trikot nach dem Spiel haben, ER schenke es ihm. Versprochen. Antwort: »Preferisco la puttana di tua sorella.« (Ich bevorzuge deine Schwester, diese Nutte. Zitiert nach Wikipedia) In diesem Augenblick war die Macht der negativen, ihn entehrenden Atmosphäre offenbar zu groß, um sich souverän zu distanzieren, die aufgeladene Atmosphäre schlug über ihm zusammen, er unterwarf sich *spontan* diesem Gefühl und schlug zu, ohne sich dabei die Hände schmutzig zu machen. Er wählte den eigenen Kopf als Abrissbirne, erhielt die rote Karte und beendete unrühmlich seine Karriere. Das Publikum vor den Bildschirmen und im Stadion hat diese Situation seitdem im Kopfkino gespeichert: Zinédine Zidane der Elegante widmet fatal seinen Kopf um. Als *freeze frame*, als eingefrorenes Bild dieser Situation überlebt diese Laufbahn, überblendet die Fülle an Traumpässen aus der Mitte des Raums, überraschenden Chip-Bällen, eleganten Fallrückziehern und Traumtoren des Monats. Ein Fußballgott, der offenbar ein paar Gelenke und ein paar PS mehr als die üblichen Sterblichen zur freien Verfügung hatte. Und dann der plötzliche Halb-Göttersturz. »Das ist die spezifische Macht der Atmosphären als Gefühle über den Menschen. Mit der muss man sich abfinden, ihnen erlag zum Beispiel der Fußballspieler, der im Finale einer

Weltmeisterschaft seine Karriere glänzend beenden wollte und dann von einem heimtückischen Gegner durch Beleidigung seiner Schwester so in Rage geriert, dass er dem Betreffenden einen Kopfstoß versetzte, und damit war dann sein Abgang als glänzender Fußballspieler schwer beschädigt.« (WdM 49f.)

Als wäre sie von einem Kieler Leib-Phänomenologen ausgedacht, konkretisiert diese Geschichte die potenzielle Macht einer Atmosphäre als andrängendes Gefühl, die so stark sein kann, dass eine momentane Distanznahme kläglich misslingt. Zinédine Zidanes öffentlicher Abgang war beschämend, weil er vor einem Milliardenpublikum vollständig die Selbst-Kontrolle verloren hatte. Er beeilte sich, mit gesenktem Kopf das Weite zu suchen in den Katakomben des Stadions. Ein Aussetzer. Weitere sind bisher nicht bekannt. Offenbar hat er als erfolgreicher Trainer die richtige Konsequenz gezogen, an der Selbstbeherrschung nachhaltig gearbeitet und die gespeicherte Scham nicht in die Schuld verschoben. So mächtig und verheerend können negative Atmosphären sein, hier in eine Demütigung verpackt, sofern man sich ihnen blind und spontan ergibt.

Zwar empfiehlt Schmitz, die Zeit zwischen affektiver Betroffenheit und Stellungnahme knapp zu halten, aber die Einübung einer Haltung, der ganz persönliche Lebens-Stil kann in extremen Situationen auch versagen, wenn die plötzlich aufziehende Macht einer toxischen, dämonischen Atmosphäre in einer Person verdichtet wird und eine andere Person – und sei es ein Halb-Gott – wie eine Urgewalt überschwemmt. Beleidigungen, im Extremfall: Demütigungen sind in Stresssituationen von explosiver Macht und verlangen extreme Besonnenheit, um die Gewaltsperre nicht zu übertreten. Namentlich in solchen hochprekären Zusammenhängen gilt der von Schmitz ausgegebene Imperativ: *Reiß dich zusammen*. Präziser formuliert: Entkomme nicht der Enge des Leibes, in die du etwa durch eine Beleidigung getrieben wirst, indem du aus der Haut fährst und, wie in unserem Beispiel, mit dem Kopf zuschlägst. *Verschiebe nicht eine Demütigung in Gewalt,* so lautet die Lebenslehre, die eingebettet ist in die Definition von Philosophie, die Schmitz ausgibt und die als umfassender Imperativ seinem Werk voransteht: *Besinn dich auf dein Dichfinden in deiner Umgebung.*

Besonnenheit, die in der antiken Philosophie hoch geschätzte *Sophrosyne,* kommt hier zum Einsatz, freilich in einer ganz speziellen Variante. Nicht geht es darum, unbetreffbar und unerschütterlich zu werden in großer Gelassenheit, im Gegenteil: Schmitz feiert die affektive Betroffenheit vor Ort des Leibes, setzt aber die Vernunft in ihrer diskriminierenden Funktion als Prüfinstanz ein, um die Macht der Atmosphären zu testen, ob sie nämlich das eigene Leben bereichern, vielleicht sogar tragen, oder mich ablenken, verführen, in die Aggression treiben oder abstumpfen lassen. Ganz entschieden wendet Schmitz sich gegen stoische Teflonisierung und moderne Formen der Coolness und schätzt das Christentum dafür, das Gefühl der uncoolen Liebe mit höchster Autorität ausgestattet zu haben, weil Liebe exemplarisch für eine Betreffbarkeit steht, die gerade nicht Coolness, ironische Distanzierung und keinen Autismus, sondern zupackendes Handeln erfordert. Der Ausgangspunkt ist klar: *Es ist der Resonanzraum des Leibes, von dem her Leben und die Subjektwerdung gelernt werden will.*

»Wie der Mensch zur Welt kommt« lautet der Titel eines der letzten, eminent altersklaren Bücher von Hermann Schmitz, den oft übersehenen Philosophen von Rang. Ein Buch mit Goldschnitt. Wie? Antwort: Durch eine Engung. Schmitz will »nachzeichnen, *wie der Mensch aus mehr oder weniger engen Situationen zur Welt kommt.*« (WdM 97) In Situationen »der Überraschung ohne Orientierung zu anderen Orten«, in der Semantik von Schmitz: am »absolute[n] Ort« und im »absolute[n] Augenblick«, treffen wir auf »das plötzlich einbrechende Neue« (WdM 98) und dieses Neue verlangt von uns eine Stellungnahme, die sich etwa im »Fluchtdrang« (WdM 99) manifestiert, um aus der Enge der Angst und des Schmerzes[1] in die Weite zu kommen, oder sie manifestiert sich, wenn es ein Anruf einer Kommilitonin oder eines Kommilitonen ist, in die oder den ich mich verliebt habe, in der aufgeregten, leicht nervösen Zuwendung, die einem die Luft nimmt. Leben startet nach Schmitz als »Leben aus primitiver Gegenwart« (WdM 100), das sich dann leiblich dynamisch entfaltet. Im Augenblick *primitiver Gegenwart,* wenn der Leib sich zusammenzieht und jede Weite verschwindet, ist der spürende Leib der Weltmittelpunkt. Darin aber besteht die Pointe: Natalität (Hannah Arendt), Geburtlichkeit ist etwas, das wir mit wachem Leib erfahren können, denn Geburtlichkeit ist nicht auf einen Geburtstag beschränkt, meint auch nicht eine einmalige religiös grundierte Wiedergeburtserfahrung wie im Pietismus und bei den Frommen im Lande, sondern geschieht unwillkürlich in Schlüssel-Situationen, die den Leib in die Enge treiben und Orientierung versprechen.

Kindheit und Jugend, sofern sie ziemlich behütet verlaufen, haben ein Surplus, weil, wie Schmitz mit Goethe sagt, die *Eindrücke* der auf uns *einstürmenden Welt* uns mit einer Fülle von subjektiven Tatsachen versorgen. In dieser Lebensphase ist die Fülle, die Abundanz affektiver Betroffenheit am dichtesten, wir baden in diesen Eindrücken, in späteren Jahren ist dieser enge Kontakt durch Reifungsprozesse abgeschliffen, wir reagieren oft abgebrüht und müssen manchmal auch abgebrüht reagieren, um im Leben Stand zu fassen, ein zwiespältiger Prozess, der dazu führen kann, das Band mit den subjektiven Tatsachen zu kappen: »Dieser Anstieg von den subjektiven zu den objektiven Tatsachen ist ein vollkommen unentbehrliches Merkmal der Reifung der Lebenserfahrung, wodurch der erwachsene Mensch über seine Kindlichkeit hinauswächst.« Dem Menschen fällt in diesem zwiespältigen Prozess »die ursprüngliche Fülle der subjektiven Tatsachen […] zum Teil zum Opfer.« (WdM 18) (Lesetipp: Patrick Modiano, der französische Nobelpreisträger für Literatur, hat in prächtigen Romanen die ursprüngliche Fülle jugendlichen Lebens in Erinnerungsschleifen eingeholt und eingehegt.)

Wir *leben von* der andrängenden Welt als Nahrung (Corine Pelluchon), die andächtig genossen werden darf. Andacht ist die *Distanzschwelle,* die eine reflexive Weltliebe erschließt. Wir leben nicht nur vom Brot allein, sondern wir leben genussvoll von einem Spaziergang mit dem Hund durch einen schattigen Wald im Hochsommer; von einem geselligen Essen mit Freunden; von der manchmal auch nervigen, manchmal erfüllenden und sinnstiftenden Arbeit; vom kuscheligen, kissenreichen Bett; von einem stimulierenden Lied während des Putzens (manchmal hilft es tatsächlich); von einem rhythmussicheren Tanz mit einer Freundin. *Es ist dieser affektiv erlebte andächtige Genuss, der uns zugleich sensibel macht für die Defizite,* sprich: für den hungrigen Blick eines Fremden; für den Stress des Beziehungsleids einer Freundin; für das Leiden von Tieren (in den Schlachthöfen) oder toten Bäumen, die dem Klimawandel oder dem Borkenkäfer zum Opfer gefallen sind. Aus dem Genuss der Nahrung als *leben von* erwächst die Kraft zu einem *leben mit* und zu einem *leben für.* (Corine Pelluchon)

Affektive Betroffenheit macht uns anfänglich mit uns vertraut, wir lernen uns dadurch überhaupt erst kennen, namentlich unsere leibliche Disposition, die mitgegeben und durch die Umwelt mitgeprägt ist, sprich: unsere Lebendigkeit oder unseren Antrieb, unsere Resonanzoffenheit und Zuwendbarkeit zum *Leben mit* anderen. Tastend üben wir uns ein in unsere Leibexistenz, um den »Nomos« der »persönlichen Situation« (HSiD 83)[2], der Charakter und Temperament umfasst und ein dynamisches Ganzes ist und keine Wesenseigenschaften meint, herauszuspüren. Ganz gelingt das aber nicht, einfach deshalb, weil wir unsere eigene persönliche Situation nicht überschauen können, denn unsere *persönliche Situation* ist stets eine, wie Hermann Schmitz sagt, *segmentierte Situation*: »Von der eigenen persönlichen Situation kann man keinen Eindruck haben, sondern muss sich aus fragmentarischen Erfahrungen an sie herantasten.« (RN 171)

Dieses Tasten und Herantasten kann lange dauern und mühsam sein. Einen Eindruck, oder wie der späte Schmitz gerne sagt: Ein »Plakat von der Persönlichkeit« oder einen »Leiteindruck« bekommt jeder Mensch im Idealfall vermittelt durch eine liebende Paar-Beziehung – Eltern, Helikoptereltern zumal, sind wegen der lebenslangen Nähe dafür nicht ideal geeignet: »Ein Mensch gewinnt von einem anderen einen Eindruck, der ihn nicht loslässt, so dass er – eventuell nach einigem Widerstand – nicht anders kann, als diesen Menschen zu lieben, und wird durch die fesselnde Kraft dieses Eindrucks so geführt, dass er damit den geliebten Menschen führt, wenn dieser merkt, dass eine ihm selbst nur in Fragmenten zugängliche persönliche Situation von dem betreffenden Leiteindruck so gut getroffen wird, dass er, durch dessen Vermittlung dem Liebenden folgend, auf einen Weg gelangt, der seiner Persönlichkeit gemäß ist; in günstigen Fällen wird der Geliebte dann zum Liebenden, eventuell mit einem reziproken Leiteindruck, so dass es dahin kommt, dass die Liebenden sich gegenseitig führen. Schlimm ist es aber, wenn der Leiteindruck täuscht; dann geht der von ihm geführte Liebende in die Irre, und es ergeben sich leicht tragische Verwicklungen, die namentlich Goethe eindringlich dargestellt hat (Werther, Clavigo, Gretchentragödie, Die Wahlverwandtschaften).« (RN 172)

Ein liebender Partner oder eine liebende Partnerin unterstützt vielleicht den Versuch, sich aus *implantierenden Situationen* zu befreien, »in denen die persönliche Situation so tiefe Wurzeln schlägt, daß sie nicht leicht und, wenn überhaupt, nur allmählich und mit erheblichen Wunden herausgerissen werden kann. Dazu gehören Situationen, aus denen die Persönlichkeit (persönliche Situation) durch Tradition und frühe Sozialisation hervorwächst, und solche, in die sie hineinwächst, z.B. durch Gemeinschaft mit einem Lebenspartner.« Sehr viel leichter als aus implantierenden Situationen wie etwa der Religion kann man sich aus *inkludierenden Situationen* befreien, wie »Konventionen, äußerlich bleibende Lebens- und Umgangsformen und kollektive Standpunkte für ›Mitläufer‹«. (AH 24)

Und wenn kein Liebender und keine Liebende zur Verfügung steht? Schmitz' Antwort ist gleichermaßen verblüffend sowie – zumindest für mich – attraktiv: Hier hilft die Begegnung mit charismatischem Personal und Personen, die Angebote zur spielerischen Identifizierung unterbreiten, die, wie Schmitz nicht müde wird zu wiederholen, geprüft werden müssen. Unterwerfen darf ich mich etwa der »Autorität der Liebe, die dem Liebenden gebietet, seinem Liebespartner oder seinen geliebten Kindern in der Not zu Hilfe zu kommen. In diesen Fällen ist die Unterwerfung der Vernunft unter die Autorität unproblematisch; problematisch wird sie dagegen bei verführerischen Programmen und Utopien sowie bei Charismatikern wie Hitler, den eine Freundin meiner Mutter, wie diese mit Kopfschütteln bemerkte, noch über Christus stellen wollte. Man kann den Deutschen jener Zeit vermutlich vorwerfen, dass sie in der Überzahl ihre Vernunft nicht genug strapaziert haben, um sich der Suggestionskraft zu entziehen. In solchen Fällen hat die Vernunft nur eine diskriminierende, nicht eine gesetzgebende Rolle.« (WdM 54f.)

Atmosphären, so die Pointe von Schmitz, können sich personal inkarnieren. »Ein Gott ist eine (wirkliche oder *fiktive*) Person, für die es eine göttliche Atmosphäre gibt, die dadurch konkret wird, daß sie mit dieser Person identifiziert wird und in deren Gestalt zum Vorschein kommt.« (UG 446) Im Menschen Jesus nimmt die Liebe, so die Pointe, eine hochkonkrete, singuläre Gestalt an, die »von da ab unverkennbar ausstrahlend als diese selbige im Wechsel der Menschen und Situationen herausgespürt werden kann.« (UG 446) Martin Luther wird vor diesem aufgespannten Horizont als Wahlverwandter auserkoren: »Luther schreibt im großen Katechismus: ›Worauf du nun (sage ich) dein Herz hängest und verlässest, das ist eigentlich dein Gott.‹ Wenn man das Herz im Sinne der Subjektivität und damit des affektiven Betroffenseins, das Hängen im Sinne der Abhängigkeit dieses Herzens von der Autorität eines ergreifenden, als personifizierte Atmosphäre zur Konkretion gelangten Gefühls mit unbedingtem Ernst dieser Autorität versteht, formuliert Luther an dieser Stelle sentenzhaft meine Auffassung vom Wesen der Götter.« (UG 448)

Zur Vereindeutigung dieser Atmosphäre und dem darin eingeschriebenen Programm hilft, wie Schmitz sagt, die Technik der *Plakatierung*, also der Versuch, das oft in unübersichtlichen Situationen zerstreute Gefühl zu einem Plakat zu verdichten, das mich hineinsaugt. In einer Abstufung gilt das auch für die sprichwörtlich gewordenen Halb-Götter der Kultur, die aktuelle, vagabundierende Gefühlslagen, Programme und Wünsche in ihrer Person verdichten, aber Gefühlslagen nicht rein darstellen. Schmitz nennt wiederholt Greta Garbo, James Dean, Brigitte Bardot. Jesus ist nach Schmitz dagegen ein Gott, weil er als *stabile*, Zeiten überdauernde personale Verdichtung der Liebesatmosphäre identifiziert wird und Menschen zu einer spielerischen Identifizierung einlädt.

Nachdrücklich schärft Schmitz ein: »Meine Fragestellung hat keinen Zusammenhang mit dem Heilsbegriff der Religion« (SdP 12). Und trotzdem ist Jesus ein potenzieller Heilsbringer, sofern man den Begriff von sündentheologischen Engführungen befreit. Die Pointe ist nicht eben klein: Dieser Jesus als eingeleibte Liebesatmosphäre ist ein starkes Angebot für eine *Lebensrichtung* oder *Orientierung, die man handelnd nicht selbst erreichen kann,* die aber *post factum* der affektiven Betroffenheit in je meiniger Stellungnahme – nach vollzogener Prüfung auf die Tiefe der Erfahrung – zur Darstellung dringt. Die spielerische Identifizierung will leiblich praktisch werden.

Wo aber trifft man gegenwärtig auf diesen religiösen Leiteindruck? Zunächst – aber vielleicht bedingt durch die Medienrevolution nicht mehr zumeist – geschieht die spielerische Identifikation mit Jesus Christus durch die Lektüre. Der religiöse Mensch ist ein *Homo legens,* der durch Lektüre zu spielerischen Identifikationen inspiriert wird. Jeder religiöse Mensch hat, in der jüdisch-christlichen Tradition stehend, ein reichliches Angebot, sich mit vielen hoch spannenden Figuren der biblischen Geschichten spielerisch zu identifizieren, als Christ wird die spielerische Identifikation mit Jesus Christus, dieser leibgewordenen Liebe, spielentscheidend. Und selbstredend kann das Plakat der Liebe auch in anderen Medien transportiert und verdichtet werden. Ich vermute, viele Kinogängerinnen meiner Alterskohorte haben einen bleibenden und prägenden Eindruck von Pier Paolo Pasolinis Jesus in *Vangelo secondo Matteo* (1964) – in dem Film spielt übrigens der junge Student Giorgio Agamben, der spätere berühmte italienische Philosoph, den Apostel Philippus – davongetragen und sich mit dieser Figur identifiziert. Übersetzungen und kreativen Coverversionen in Form von Theaterstücken, aber auch Verdichtungen in Video-Games bieten gegenwartskonforme Möglichkeiten zu anregenden spielerischen Identifizierungen, die diese Weltsicht erschließen.

Mit Hermann Schmitz und vor allem seinem kreativen Weiterdenker Gernot Böhme habe ich gelernt: Die Unverfügbarkeit affektiver religiöser Betroffenheit lässt sich partiell einhegen, genauer: Kunst (im weiten Sinne, Dichtung eingeschlossen) verdichtet und inszeniert den Kontakt mit subjektiven Tatsachen, inszeniert Andacht und Genuss, schöpft aus der Quelle und ist Quelle schöpferischer Kraft, *durch die wir leben* und handeln. Hier ist Kreativität spürbar. Das gilt namentlich für den plakatierten Jesus, muss aber nicht exklusiv darauf enggeführt werden. Hermann Schmitz hat eine Fülle von Heiligkeits-Situationen beschrieben, die Lebenssinn einstiften – in der Natur, der Kultur, in der Menschheitsgeschichte. Und als Urstoff des heiligen Geistes hat er die Freude ausgemacht.

Es gehört zu den kleinen Überraschungen: Hermann Schmitz lässt sein auch seitenmächtiges System der Philosophie mit einer veritablen philosophischen Eschatologie enden – so viel Chuzpe, die ideologische Blindstellen gegenwärtiger Philosophie hell ausleuchtet, ist beeindruckend. Gibt es eine vertikale Idee der Unendlichkeit? Kann der Leib auch aus dem Körper ausreisen? Lässt sich, so die zentrale Frage, von einer Unsterblichkeit des Leibes reden? Schmitz ist ein radikaler Denker der menschlichen Lebendigkeit, deshalb ist es nicht übermäßig erstaunlich, wenn er den Lebenskorridor nicht mit dem Tod zwingend enden lässt und ein Leben nach dem Tod durchaus für denkbar hält. Ohne, das ist aufregend, ein straffes theistisches Gottesverständnis zu bemühen, kann er vom Gericht und der Auferstehung sprechen und in einem zweiten, alternativen Gedankengang von der Unsterblichkeit des Leibes. Würde der Tod das letzte Wort haben, würde final der Tod das Leben festschreiben und Gewalt gewinnen. Schmitz baut auch Brücken, um die Idee der rettenden Gerechtigkeit, die er allenfalls antippt, in sein denkmächtiges System zu integrieren.[3]

Übrigens: Ich habe aus der Lektüre von Schmitz noch einen Beifang an Bord gezogen, den Schmitz nicht im Blick hatte. Spielerische Identifizierung ist eine gelungene Betriebsanleitung für das Verständnis von Sakramenten wie etwa dem Abendmahl. Wenn Mitglieder einer Kirche die mitgelieferte Spielregel, die vom Erfinder des Spiels, also wahrscheinlich Jesus *himself* tradiert worden ist, auf das Sakrament des Abendmals anwenden, dann *ist* der Rotwein das Blut und die Oblate (reformiert: das Brot) der Leib. Daran ist im Spiel überhaupt nicht zu zweifeln. Aber die Identität ist selbstredend nicht tatsächlich.

Diese spieltheoretische Deutung funktioniert und ist von problematischen und sich robust durchhaltenden ontologischen oder quasi-ontologischen Vorstellungen einer realen Präsenz Jesu im Abendmahl geschützt. Zur Erinnerung: Die katholische Tradition lehrt eine Realpräsenz Christi in Brot und Wein, *Transsubstantiation* genannt; deutet die Messe als Wiederholung des unblutigen Opfers; verweigert den Laienkelch, weil Christus auch im Brot vollständig präsent ist. Luther selbst wendet sich gegen die Transsubstantiationslehre, gegen eine »Wesensverwandlung«; verneint auch die Deutung der Messe als unblutiges Opfer, weil damit das zentrale Opfer Christi am Kreuz relativiert werde; fordert den Laienkelch wegen des allgemeinen Priestertums der Gläubigen. Für Luther ist das Abendmahl Zeichen oder *signum* (Brot, Wein), das mit einer Verheißung (*promissio*) sich an den Glauben der Empfänger wendet, genauer: an die ganze Gemeinde. Luther spricht von einer *Kon-Substanzialität*, um die Realpräsenz zu verdeutlichen. Gemeint ist damit eine Pointe der Zwei-Naturen-Lehre (*Communicatio idiomatum*, Austausch der Eigenschaften), denn nach diesem Verständnis hat auch die menschliche Natur Christi Anteil an der göttlichen Eigenschaft der Allgegenwart (Ubiquität). Luther will entschieden mehr als die Reformierten wie etwa der Schweizer Huldrych Zwingli, für den das Abendmahl ein Memorial und jede Abendmahlsfeier die Urszene reinszeniert, und will auch mehr als der Franzose Jean Calvin, für den Christus als Heiliger-Geist im Abendmahl gegenwärtig ist, sodass Christus nur geistlich genossen werden kann (*manducatio spiritualis*). Für Luther bleibt es dabei: Das Abendmahl ist eine Gnadengabe, kein Bekenntnismahl, weil gilt: Das Brot *ist* der Leib. Meine spieltheoretische Deutung ist nahe an der Luthers, indem sie die Kon-Substanzialität als spielerische, aber nicht tatsächliche Identifizierung deutet und transparent macht, ohne hochkomplexe Ontologien bemühen zu müssen. Ich nenne es die *ludische Identität* oder *ludische Gegenwart* Christi im Abendmahl.

Die Anregungen, die der Leib-Phänomenologe Schmitz für eine Theorie (und Theologie) guten Lebens anbietet, sind noch längst nicht ausgeschöpft. Es gibt noch reichlich Nachspielzeit.

Lebenslehre
Theologie als Deutungsagentur des Leibeslebens

Von außen betrachtet wirkt die Theologie häufig wie eine Wissenschaft, die sich eine Ausgangssperre selbst auferlegt hat, um nicht mit modernen und spätmodernen Konzepten viral verseucht zu werden. In der nachdrücklichen Achtsamkeit auf die vertikale Resonanzachse scheint zudem die Bodensichtkontrolle schlecht zu funktionieren, offenbar sind Lieferketten für Ersatzteile unterbrochen. Und findet ein Austausch mit anderen Wissenschaften statt, dann scheint er häufig vom Ehrgeiz der finalen Überbietung angestachelt zu sein.

Der Eindruck täuscht oder ist zumindest kräftig verzerrt. Alle großen Theolog*innen von Rang der letzten zwei Jahrhunderte geben Antworten auf die jeweilige philosophie-geschichtliche und häufig auch auf die real-geschichtliche Großwetterlage, sind also stets in lebensweltliche Zusammenhänge eingebettet. In einem sehr feinen Lang-Essay hat der Theologe Dietrich Korsch (AaG 8-12) gezeigt: Auf den alles zermalmenden Immanuel Kant (1724-1804) und dessen Revolution der Denkungsart reagiert der Theologe Friedrich Schleiermacher, indem er *Zugänge zur Transzendenz* im eigenen *Bewusstsein* sucht; die Dialektische Theologie, namentlich Karl Barth, antwortet auf den durch die liberale Theologie im freien Anschluss an Schleiermacher in den Schützengräben vor Verdun untergegangenen Fortschrittsoptimismus, indem sie das *Wort Gottes als Anrede*, als Offenbarung deutet, die überhaupt erst eine religiöse Transzendenz eröffnet. Dadurch wird die Theologie ein Stück weit geschützt vor Verwerfungen durch die Geschichte, macht sich, zumindest was Barth betrifft, in den Jahren zwischen den Zeiten der Weltkriege zugleich *save* gegenüber dem Nationalsozialismus und falschen spielerischen Identifizierungen mit Adolf Hitler. Die Theologie nach den Kriegen will das Handeln Gottes in der *Geschichte* neu entdecken, weil der Vorfall (*Prolepse*) des Endes der Geschichte in der Auferstehung Jesu Christi, so der hohe Einsatz bei Wolfhart Pannenberg, bereits Ausblicke auf das Ganze der Geschichte erlaube. Versuche, einen belastbaren Ausweis über die Denkmöglichkeit und Gewissheit der Auferstehung und damit auch über die Einheit der Geschichte zu erlangen, konnte freilich nicht erbracht werden; eine Schlichtungsformel ist nicht in Sicht. Aktuell werden verstärkt Versuche unternommen, Transzendenz in der *Lebensführung* zu entdecken. Mein Vorschlag lautet, der gegenwärtigen Einsicht in die konstitutive Bedeutung des Raumes und des Leibes Rechnung zu tragen und von dort her religiöse Erfahrung neu zu thematisieren. Pointiert gesagt: *Transzendenz wird vor Ort des Leibes als Ur-Raum der Resonanz des Göttlichen oder Heiligen ausgemacht. Nicht primär im Bewusstsein, nicht im Wort Gottes als Anrede, nicht in der Geschichte, sondern im Leib: Im leiblichen Spüren erschließen sich primordial Zugänge zur Transzendenz*. Das ist die Pointe einer *Theologie als Leibphänomenologie: Religion ist* – ich folge Schmitz – *Verhalten aus der Betroffenheit von Göttlichem* als affektiver Betroffenheit mit unbedingtem Ernst. Wir sind zunächst resonanzoffene Existenzen, die aber die Vernunft dazu einsetzen zu prüfen, ob die andrängenden Gefühlsmächte oder Heiligkeits-Atmosphären, die sich in Bildern, Kunstwerken überhaupt und (realen) Figuren verdichten können, uns eine veritable, nach allen Seiten resonante Lebensrichtung erschließen und für uns zu subjektiven Tatsachen werden. Eine Theologie als Lebenslehre entdeckt den Leib innerhalb der Lebenswelt als Ur-Resonanzraum oder Resonanzboden.

Meine theologische *Lebenslehre* geht von der Bobachtung aus, dass Menschen in ihrem alltäglichen Leben Erfahrungen des Heiligen machen. Rudolf Otto beschreibt das Heilige als *mysterium tremendum et fascinans*, als Geheimnis, das durch zwei Gefühls*qualitäten* gleichermaßen ausgezeichnet wird: durch das Erschrecken und die Begeisterung. Hermann Schmitz hat diese Zweipoligkeit leibphänomenologisch als *Enge* und *Weite*, die im Einatmen und Ausatmen den Rhythmus des Lebendigen umschreibt, konkretisiert. In der Theologie wird die Erfahrung des Heiligen verhandelt als Lehre vom heiligen Geist, als *Pneumatologie* (pneuma, griech. für Geist, Atem, Kraft), pointierter gesagt: als Wissenschaft vom heiligen Atem und Atmen. (In der Medizin heißt der Facharzt für Lungenheilkunde Pneumologe.) Immer sind es Erfahrungen von Bedeutsamkeit für mich, die mir etwa Kreativität einstiften, einen neuen Lebensschwung auslösen oder einen Neuanfang möglich machen.

Als Sinn- und Deutungsagentur ist die Theologie, das will ich ihr endlich ins Stammbuch schreiben, nur eine von mehreren konkurrierenden Deutungsagenturen. Und das kann auch gar nicht anders sein, weil auch das Judentum und dann in deren Schatten das Christentum in einer historischen Epoche entstanden sind, die der Philosoph Karl Jaspers (1883-1963) als *Achsenzeit* bezeichnet hat. In der Zeitspanne um 800-200 vor Christus gab es relativ zeitgleich in vier unterschiedlichen Weltgegenden, nämlich Orient, Okzident, China und Indien, viele weltanschauliche Startups, die sich um Fragen kluger Lebensführung Gedanken machten, eine Vorstellung von Transzendenz entwickelten und einen moralischen Universalismus erkundeten; große Philosophen wie Platon und Aristoteles und Religionsstifter wie Zarathustra, Buddha, Konfuzius und Laotse, große jüdische Propheten und Weisheitslehrer und leicht verspätet, als eine Art sekundärer

Durchbruch der Achsenzeit, auch Jesus machten Karriere. Einer unter vielen! In diesem Zeitraum wurden die Grundlagen unserer heutigen Zivilisation geschaffen, die auch technische Fortschritte beschleunigte.

In der Achsenzeit kommt es im Judentum zu kräftiger Mythenproduktion. Im hoch kreativen Umgang mit deutlich älteren Mythen-Traditionen (Gilgamesch, Athrahasis, Enuma Elisch) werden Schöpfungsmythen auf den Weg gebracht. Schöpfungsmythen funktionieren kraft *spielerischer Identifizierung*: Die Welt ist nicht einfach die Welt, die zufällig da ist, sondern sie verdankt sich einer im Alltag zuweilen uns spürbar anwehenden heiligen Kraft, die als Figur Gott vorgestellt werden kann. Besonders spannend ist neben den zwei aus der Genesis, dem 1. Buch Mose, bekannten Schöpfungsgeschichten eine späte Schöpfungserzählung (siehe oben) aus den Sprüchen Salomos (Proverbien) 8, die davon berichtet, Gott habe zunächst eine Frau Weisheit gewebt, also noch *vor* der Schöpfung der Welt eine *Beziehung* geschaffen. Noch vor der Schöpfung ist Gott mit einem Gegenüber in eine Geschichte verstrickt (Wilhelm Schapp). Und dieses auch bestrickende Gegenüber hat Gott zur Schöpfungsanstrengung *spielend und tanzend* animiert. Mit dem Spiel fängt alles an. *In dieser Deutung beruht die Welt auf Eros, Spiel und Tanz.*[1] Wo immer also Kreativität – auch lebensdienliche technische Kreativität – auftaucht, wiederholt sich Schöpfung. Das gilt auch bereits für das kindliche Darstellungsspiel. (*Schöpfungstheologie*)

Offenbar haben die alttestamentlichen Dichter mit dieser Loblied-Poesie eine dankbare Antwort darauf geben wollen, wie die in der Lebenswelt erfahrbare Kreativität, Experimentierfreudigkeit und Entwicklungsfähigkeit gedeutet werden kann. Spätestens in der Perserzeit (550-330 v. Chr.) war offenbar der Gedanke, Gott greife *direkt* in die Geschichte ein, nicht mehr zu vermitteln.

Erfahrbar ist die Kraft des Heiligen oder Göttlichen aber als andrängende Gefühlsmächte, die irritieren und selbstwirksame Antworten aufrufen. Die Figur Gott ist in der Welt in Kreativitätsschüben erfahrbar. So also erhalten die alte, hochkomplexe Frage nach dem *Handeln Gottes* in der Welt und die Frage nach seiner Vorsehung eine pointierte Deutungsantwort: Das begleitende Handeln Gottes (*concursus divinus*) zeigt sich in plötzlichen Kreativitätsschüben, den Einbrüchen des Neuen in Wissenschaft und Kultur, in kreativen und verwundernd-verstörenden Begegnungen, die selbstredend kritisch auf ihre Lebensdienlichkeit hin befragt werden müssen. Schöpfung ist ein Weltgefühl, das die Welt als mit Sinn und Ziel ausgestattetes Geschehen (die Evolutionstheorie kennt kein Ziel und keinen transzendenten Sinn) deutet und es uns ermöglicht, Dankbarkeit zu adressieren. Aber natürlich ist es auch eine Machtfrage, wenn die weisheitliche Theologie einen Mythos entwirft, der sich Gen 1ff. selbstbewusst und zugleich frech vorlagert.

Alttestamentliche Schöpfungsmythen helfen also, Erfahrungen in der Lebenswelt zu deuten. Biblische Erzählungen leisten aber noch mehr. Sie selbst *inszenieren religiöse Erfahrung* und laden *zum leiblichen Mitspielen* ein: etwa in den hochpoetischen Sprüche-Sammlungen, den großen Erzählungen des Alten Testaments, oder neutestamentlich exemplarisch in den Gleichnissen Jesu. *Der Mensch ist gleichermaßen ein homo ludens und ein homo narrans, ein spielendes und erzählendes Wesen und sehr verspätet ein lesendes Wesen, ein homo legens.*[2] Darin kommen Erzählungen und das Spiel überein: *Beide Formen sind gemeinschaftsstiftend, erschließen Spielräume und laden zur spielerischen Identifizierung ein.* Biblische Texte inszenieren Menschheitsfragen, haben also eine existenzielle Dimension, die zentrale Fragen der Lebensführung betreffen. Der Zürcher Alttestamentler Konrad Schmid schreibt treffend: »Von großer Bedeutung im Blick auf heutige ethische Fragen ist die Bibel allerdings in Bezug auf das Verständnis der *historischen Genese von Problemlagen*«. (Schmid: TAT 88) Ich würde ergänzen: Biblische Texte machen zugleich Angebote, wie mit Krisensituationen lebensklug umgegangen werden kann.

In meiner Leib- und Gefühlstheologie ist der heilige Geist also ein Universalprinzip und schöpfungstheologisch verankert. Dieser Zugang entlastet zugleich davon, jede religiöse Erfahrung durch das Nadelöhr der Christologie einzufädeln. Auch involvierende Erfahrungen und Begegnungen im Grünen, das *liebliche Taubertal*, das uns mit seiner Physiognomie anmutend anspricht, der irritierende Umgang mit Tieren oder eine im Wind sich wiegende Trauerweide, können zu echten, zugleich irritierenden oder schockierenden Begegnungen mit Tiefe werden, die andächtig genussvoll ausgekostet werden. Um den pädagogischen Eros, der auch Spiel und Erzählungen kennt, zu untermauern, spreche ich von einer Lebens*lehre*.[3] (*Schriftlehre*)

Wenn aber Heil zunächst eine positive Erfahrungs*qualität* im Alltag ist, dann entstehen Abkoppelungseffekte zu einer traditionellen Theologie, die Heil als Erlösung von der Sünde begreift, die die Gemeinschaft mit Gott ruiniert. Das altersmüde heilsgeschichtliche Schema lässt auf die Schöpfung den Sündenfall folgen, der, weil die Sünde nach Augustin durch den Geschlechtsakt weitergegeben wird, alle betrifft. Sünde ist ein Existenzial. Von der Sünde aber kann nur Jesu Heilstat erlösen. Basta. Schaut man genauer hin, erfährt man eine nicht eben kleine Überraschung: Im hebräischen Urtext ist vom Sündenfall nichts zu lesen, das Wort Sünde taucht allererst in der weisheitlichen Kain- und Abel-Geschichte auf (Gen 4,1-16), wenn die Figur Gott von Kain, dem Erstgeborenen, eine Nachsteuerung seines emotionalen Haushalts einfordert, der sich offenbar stark an Neid und Eifersucht orientiert und zu Gewalttätigkeit neigt. Eifersucht ist ein dreipoliges Geschehen: Jemand (ein Bekannter, Schwester, Kollege, Frau) wird von einem Dritten, der ihm wichtig ist (Chefin), vorgezogen. Beweis: Abels Opfer wird angenommen, der Rauch steigt senkrecht nach oben, Kains Opferrauch quält sich über den Erdboden und gewinnt nicht an Höhe. Gott treibt Kain in die Scham und erwartet entsprechend von Kain, seine Emotionen nachzusteuern und sich nicht von einem Selbstbild lenken zu lassen, das sich etwa auf das *Erstgeburtsrecht* beruft und eine Bevorzugung für selbstverständlich hält. *Du aber herrsche über die Sünde,* so wird Kain von Gott aufgefordert. Bekanntlich tut Kain genau dieses nicht, sondern versucht, Handlungssouveränität dadurch zu erlangen, indem er Abel erschlägt oder – der Text lässt beide Deutungen zu – ermordet. Obwohl Kain falsche Schlüsse zieht, besteht der Charme der Geschichte darin, dass ein Herrschen über die Sünde als möglich gedeutet wird, sofern man sein emotional einseitig gesteuertes Selbstbild hinterfragt und nachjustiert. Das ist eine gegenwartstaugliche Deutung für Sünde: Wir besitzen die Freiheit, uns zu ändern, indem wir die Macht schlechter Atmosphären in den Begriff bekommen, *Sünde dagegen bedeutet, das Selbstbild gegen Hinterfragungen abzuschotten.* So reformuliert, ist Sünde nicht länger eine Kleinmachvokabel, sondern Ansporn für ein *emotionales und zugleich moralisches Wachstum.* (Lehre von der Sünde: *Hamartiologie*[4])

Und was folgt daraus für das Verständnis vom Menschen?

Formt man den Sündenbegriff so um wie vorgeschlagen, dann bekommt das Verständnis vom Menschen (*Anthropologie*) ein neues Kleid angepasst. Von Sündenverbiesterung keine Spur, vielmehr hält ein vorsichtiger, nicht naiver Optimismus, hält auch Hoffnung Einzug. Als Leibwesen ist der Mensch, so der Import aus der Philosophie, affektiv betreffbar und grundsätzlich auch offen, vom Heiligen/Göttlichen affektiv betroffen zu werden. Der Mensch besitzt die Freiheit, alte Einsichten über den Haufen zu werfen, sein Selbstbild zu revidieren und sich neue Ziele zu setzen. Nicht zufällig hat Schmitz das Darstellungsspiel der Kinder hochgehalten, wir sollen, mit der Stiftergestalt Jesus Christus gesagt, »werden wie die Kinder« (Mt 18,3): Was die Kinder intuitiv betreiben, nämlich spielerische Identifizierung, sollen wir Menschen reflexiv einlösen und unser Leben als Vollzug spielerischer Identifizierung leben. Hier gibt es einen überlappenden Konsens mit der Leib-Philosophie: Leben heißt, das kindliche Darstellungsspiel zu professionalisieren, heißt Kind werden, Gotteskind, das im Leibalphabet von Enge und Weite, Einatmen und Ausatmen lebend, verzaubernde Erfahrungen macht, die beim weisheitlichen, tugendethischen Wachsen helfen.

Wenn aber die Sünde nicht mehr das Leben dominiert und knechtet, dann wird auch die Frage nach dem Heil (*Soteriologie*) neu verhandelt. Heil ist immer eine positive Erfahrung. Anders gewendet: Wo positive, hoch bedeutsame Erfahrungen gemacht werden, ist Heil. Wo negative Erfahrungen gemacht werden, droht Unheil. Leid, Krankheit, Unglück und Tod haben keinen Sinn. Krankheit und Leid ist keine Strafe Gottes, wie das Hiob-Narrativ zeigt. Gegen das Unheil muss geforscht, gekämpft, gestritten, beigestanden werden. Das ist zugleich die Aufgabe der wissenschaftlichen Entdämonisierung des Ängstigenden. Jesus war ein Heiler, der Kranke (hier in einem sehr weiten Sinn gefasst) und Arme (auch hier in einem weiten Sinn bis hin zur Kontakt-Armut verstanden) nicht vertröstete. Wenn Handeln aus einem falschen Selbstbild heraus eine häufige Ursache für Übel, nicht nur für moralische, sondern häufig auch für physische Übel in der Welt ist, dann ist auch nicht Gott haftbar zu machen für die Übel in der Welt (*Theodizee*), sondern der Mensch (*Anthropodizee*). Wenn aber Heil nicht zwingend als Erlösung von der Sünde zu deuten ist, wofür steht dann Jesus Christus?

Zunächst: Jesus Christus ist ein Mensch, der offenbar ein anziehendes Charisma besaß, das sich auch darin zeigte: Er war ein begnadeter Erzähler, der Menschen zu spielerischen Identifizierungen mit dem Personal seiner Gleichnisse ermunterte, um Erfahrungen zu machen, die zu einer Neujustierung des eigenen Selbstbildes und zum Wachsen ermunterte. Zugleich dienten die Gleichnisse dazu, die Zuhörerschaft für Problemlagen, die im Leben drohen, krisenfest zu machen. In diesem Jesus, das stellen die späteren Schriftsteller literarisch verdichtend heraus, zeigt sich eine wirkmächtige Atmosphäre, die Liebe, die in den herrlich abgründig verspielten Gleichnissen und im literarisch verdichteten Leben Jesu *inhaltlich* als Lebensstil vorstellig wird, ein Lebensstil, der *Statusverzicht und Opferbereitschaft, aber zugleich Genuss und Feierfröhlichkeit* kennt. Für viele Menschen war und ist dieser Lebensstil und diese Lebensrichtung offenbar noch immer so attraktiv, dass eine spielerische Identifizierung mit diesem Jesus Christus vollzogen wird, danach freilich gilt es, selbst gut zu spielen.

Frappierend (oder vielleicht: selbstverständlich?) auch das: Der religiöse Schriftsteller Matthäus (15,21-28; eine merklich unterschiedene Variante bietet Mk 7,24-30) erzählt in seinem Evangelium eine Szene, in der Jesus *himself* eine Selbstbildhinterfragung durchläuft. Eine prächtige, anrührende Szene, die deshalb etwas mehr Aufmerksamkeit verdient, weil dem Stifter der christlichen Religion nur dann das Prädikat zukommt, eine situationsgemäße Antwort auf die universale Resonanzfähigkeit zu geben, wenn er selbst nicht ausgrenzt und nicht zum Bild für die Absurdität, also das Verstummen der Resonanz verkommt. Die christologische Bildpolitik ist hier eindeutig: Jesus Christus macht selbst eine Selbstbildhinterfragung durch und präsentiert sich danach als Bild universaler Resonanz.[5] Freilich: Es ist ein Bild männlicher Resonanz.[6]

Jesus nimmt sich eine Auszeit, zieht sich zurück, will Kräfte sammeln, ein wenig chillen, passiert die Grenze seiner Heimat, rastet in der Nähe und im Dunstkreis der reichen Städte von Tyros und Sidon (im heutigen Libanon). Auch ohne die neuen Medien wie das Internet bleibt sein Aufenthaltsort jenseits der Grenze damals nicht unentdeckt. Eine kanaanäische Frau spürt ihn auf und macht sich laut bemerkbar. Ihre Tochter ist lebensbedrohlich erkrankt, die genaue Krankheit wird nicht genannt, vielleicht liegt Epilepsie vor, vielleicht ein psychosomatisches Krankheitsbild. Offenbar sind die medizinischen Fachkräfte in diesen urbanen Zentren mit ihrem Wissen am Ende. In ihrer Verzweiflung wendet sich die Mutter an Jesus, spricht ihn, offenbar hat dieser Titel die Grenze bereits passiert, als Sohn Davids an und bittet um Erbarmen.

Die kanaanäische Frau. Diese Zuschreibung ist ein gezielt eingesetzter Aufreger für die Hörer (und späteren) Leserinnen. Kanaan. Das Land, wo Milch und Honig fließen. Das war die Verheißung an Mose. Generationswissen weiß um die Konflikte mit diesem Volk, den Streit, die Gewalt, die Ablehnung des Gottes JHWH. Und auch in der Zeitspanne, in der Jesus lebte, ist die Nachbarschaft angespannt, weil aus der Kornkammer Galiläa übermäßig viel Getreide zu den reichen Städten exportiert wird, mit der Folge: In Galiläa herrscht Mangel, sogar Hunger. Und dieses Generationswissen und das Wissen um die aktuell angespannte Situation schleppt auch der Weisheitslehrer Jesus mit sich herum, will sagen: Jesus ist über den Auftritt dieser Frau *not amused*. Er, der Meister der Begegnung, dieses responsorische und resonante Wunder, zeigt die kalte Schulter, gibt sich unbeeindruckt, reagiert erstaunlich gefühlskalt, weigert sich zunächst, mit ihr zu reden. Affektive Betroffenheit? Zero! Kein Wort! Ist das Schweigen eine Geste der Solidarität mit der hungernden Bevölkerung aus seiner Heimat, die ihm die Zunge verknotet? Jesu Jünger empfehlen pragmatisch eine Spontanheiligung, damit nicht noch mehr Personen auf Jesus aufmerksam werden. Dann sei Ruhe im Karton. Jesus zeigt sich spröde und zieht sich wie ein verknöcherter Gewerkschaftler auf seine Arbeitsplatzbeschreibung zurück: Sein Aufgabengebiet beschränke sich auf die schwarzen Schafe in Israel. Vielleicht meint er die Herrscherclique, die das Getreide lieber gewinnbringend in die reichen Städte verkauft und das Volk hungern lässt. Sprich: Mit diesen Aufgaben und der Zuwendung zu den Kranken und Leidenden ist er mehr als ausgelastet. Die Überstunden nicht eingerechnet. Und hat dieser Jesus, der alles im Ehrenamt leistet, nicht ein Recht auf Erholung? Ein wenig chillen – ist das zu viel verlangt?

Dramaturgisch wird nachgearbeitet: Die Frau entsockelt sich, fällt auf die Knie, macht sich klein, gibt ihren Status auf und bittet um Hilfe. Die Bild-Antwort ist brutal: Das Brot der Kinder Israels wirft man nicht den Hunden vor. Jesus zeigt sich nicht nur unbeeindruckt, sondern *demütigt* sie, indem er sie und ihr Volk verächtlich auf eine Stufe mit unreinen Hunden stellt. Aber: Die Frau lässt sich mit dieser demütigenden Auskunft nicht abspeisen. Und: Im Umgang mit lebenskundlichen Metaphern, im gewitzten Spiel mit Worten ist die Frau Jesus in dieser Situation mächtig überlegen, denn sie kontert: Hunde essen auch die Krümel, die vom Tisch des Herrchens/Frauchens fallen.

Dieser literarisch inszenierte Perspektivenwechsel funktioniert. Jesus lernt, nachdem er den *tiefen Schreck, der ihm in die Glieder gefahren sein dürfte,* dazu. Er überdenkt seine Arbeitsplatzbeschreibung und ist jetzt von der grenzenlosen Liebe, die diese Frau für ihre Tochter zeigt, tief beeindruckt. Entwicklungspsychologisch ist es diese Erfahrung, die Jesus den universalen Charakter der Liebe erspüren hilft. Er wird neu geboren. Für Jesus spricht: *Er ist in der Lage, auf eine Hinterfragung seines Selbstbildes mit einer eleganten und zugleich grundsätzlichen Kurs-Korrektur zu antworten.* Er ist jetzt nicht länger nur lokaler Weisheitslehrer, sondern für die ganze Welt zuständig und verantwortlich. Seine Arbeitsplatzbeschreibung hat sich dramatisch verändert. Er hat sich durch diese Schlüsselszene aus der *implantierenden Situation,* in der er aufgewachsen ist, befreit. Dieser Jesus ist das Gegenbild für soziale Ausgrenzung und Diskriminierung, für ausgrenzende Normen einer Gesellschaft, *kennt das Antidot zur Gewalt als Statusverzicht.* Jesus Christus wird damit zum Denkbild universaler Resonanz.

Gehört zum guten Leben notwendig eine unbegrenzte Laufzeitverlängerung (futurische *Eschatologie*)? Ein ewiges Weiterleben ohne Hölle? Ich bin ganz entschieden: Unsterblichkeit, verstanden als die *Unsterblichkeit des Leibes,* ist eine echte Option.[7] Das Leben im lebendigen Leib darf nicht durch den Tod festgeschrieben werden. Ich plädiere für eine Unsterblichkeit des Leibes als *Erlösung* von der Festschreibung durch die Geschichte, die auch die Frage nach der ausgleichenden Gerechtigkeit neu positioniert und einen Deutungsvorschlag macht: In der reinen Atmosphäre der göttlichen Liebe können Opfer den Tätern, die sich alle für ihre Taten schämen (in der Ewigkeit wird nicht geschauspielert), vergeben. Mein *Bildspender* für diese Vorstellung ist die (nicht ganz unumstrittene) Wahrheits- und Versöhnungskommission, die Bischof Desmond Tutu (1994-1996) in Südafrika ins Leben rief. So werden eine Unsterblichkeit aller Menschen und unverwelkende Lebensfreude vorstellbar.

Die Gotteslehre ist hier ein Anhang. Gott/Götter ist zunächst eine Deutungskategorie für die Erfahrungen des Heiligen, vor allem in monotheistischen, aber auch in polytheistischen Kulturen, die noch einen reichen Götterbasar haben. Erfahrungen des Heiligen müssen aber nicht notwendigerweise Gotteserfahrungen sein, bereits Schleiermacher hat in seinem frühen Hauptwerk *Reden über die Religion* eine Religion ohne Gott ins Spiel gebracht. Mich überzeugt der Vorschlag von Schmitz, griechische Göttererfahrung als Anmutung von Gefühlsmächten zu deuten, das trifft im übertragenen Sinne auch auf das Judentum zu. Es hat lange gebraucht, bis die Theologen des Alten Testaments eine Plakatierung zustande brachten, die sie JHWH nannten. Wegen des strengen Bilderverbots wird man JHWH selbst nur über die Bande seines Personals erreichen, (sehr viel) spätere jüdische Theologie hat deshalb Mose als Ideal für eine spielerische Identifizierung (Mordechai Kaplan, 1881-1983) angeboten. Umstritten blieb freilich, ob er eine fiktive Figur ist.

Im überzeitlichen Role-Model Jesus Christus wird die Heiligkeitsstruktur verdichtend transparent dargestellt und namentlich in den Gleichnissen und Erzählungen inszeniert. Im Role-Model Jesus Christus wird freilich alles auf die Begegnung mit Menschen konzentriert und enggeführt. In dieser Frage sind Erweiterungen auf alles Lebendige, das leidens-, aber auch genussfähig ist, notwendig. Aus der spielerischen Identifizierung mit diesem Role-Model und dem spielerischen Erproben und Erlernen von Situationskompetenz lassen sich folgende weisheitliche Ratschläge für ein gutes Leben erteilen:

Trainieren Sie Ihren spürenden Leib und damit ihre Lebendigkeit.

Belegen Sie einen leib-phänomenologischen Sprachkurs, um den Leib zum Sprechen zu bringen.

Erproben Sie die Ur-Existenzalien der Leiblichkeit: das Atmen, die Geburtlichkeit, die Verwundbarkeit und Sterblichkeit, das Wohnen, die Nahrung, den Genuss. Entdecken Sie noch mehr Existenzialien?

Bleiben Sie offen dafür, hinterfragt zu werden. Schotten Sie ihr Selbstbild nicht gegen Schockerfahrungen, die Sie in die Enge treiben und gleichzeitig faszinieren, ab. Andernfalls droht an dieser Stelle die Sünde.

Achten Sie auf die Ambivalenz des Heiligen. Lernen Sie den Umgang mit den erschreckenden Anteilen am Heiligen. Künste sind Distanzfilter, die den Umgang mit andrängenden Gefühlsmächten einüben. Aber denken Sie daran: Im Schock, in der Enge nistet das Neue, nisten Kreativität und Entwicklungsfähigkeit.

Prüfen und evaluieren Sie die leiblich erspürten andrängenden Gefühlsmächte. Als Kriterien dafür, ob das Neue hält, was es verspricht, dienen Lebensdienlichkeit und Lebenssteigerung, die gemessen werden an der Idee globaler Resonanz. Damit sind Ausgrenzungen, Demütigungen, Mikroaggressionen und Diskriminierungen anderen Lebewesen gegenüber ausgeschlossen. Ziel ist eine resonante Weltaneignung und Lebensführung.

Inhaltlich bietet das Role-Model Jesus Christus eine spezielle Tönung der Liebesatmosphäre an, die sich im Care-Gedanken und dem Statusverzicht – heute erweitert um das nichtmenschliche Leben! – und der Feierfröhlichkeit konkretisiert. Faszinierend ist die Kräftigkeit seines leiblichen Spürens.

Schreiben Sie Geschichten des Gelingens, die Hoffnung und Mut zum Leben machen. Finden Sie so Ihren Platz in der Welt.

Nietzsche sah nach den Zeitaltern des Kamels und des Löwen das Zeitalter des Kindes am Horizont erscheinen. Das Kind fragt: »Wozu können Sie Ja! sagen?«

Ihr Dankbarkeitstagebuch / Ihre Notizen

Exit

Der produktive Streit um Lebensdeutungen

In dieser knappen Nachbesprechung und Nachuntersuchung halte ich Ausschau nach einem *überlappenden Konsens* zwischen den fünf Sinn- und Deutungsagenturen; der Kreis wäre übrigens leicht zu erweitern etwa durch Literatur-, Film- und Theaterwissenschaft, Politologie etc. Auffällig ist, dass zwei Vertreter aus Wissenschaften, die im universitären Alltag häufig empirisch kleinteilig arbeiten, ihre Forschungen zu einem *opus magnum*, zu einer auf die Theorie der Lebensführung fokussierten Gesamtdeutung vorgelegt haben – mit spektakulärem Erfolg bei den Leser*innen.[1] Soziologie, vertreten durch Hartmut Rosa, und Psychologie, vertreten durch Martin Seligman, machen eine praxisnahe Kehre durch, die auch der elegante Systembauer aus Kiel, Hermann Schmitz, in seinen letzten Büchern vollzogen hat. In der Theologie haben diese Kehre die Münchner Theologen Trutz Rendtorff und Hermann Timm in den 70/80er-Jahren des letzten Jahrhunderts beherzt in Angriff genommen, die Dogmatik bekam dadurch eine starke Drift hin zur Ethik und Ästhetik. Aby Warburg zeigt in seinen Forschungen, wie der Umdeutungsprozess antiker *Gesten maximaler Betroffenheit* in der Kunst sich Bildermachern verdankt, die im christlichen Kontext verwurzelt waren und sich am Care-Gedanken oder dem Caritas-Gedanken, also dem alltagsfähigen Helfen leidender Menschen orientierten. Im Unterschied zur antiken Lebensdeutung, so seine ursprüngliche Einsicht, ist die *jüdische und christliche Lebensdeutung nicht tragisch.*

Alle Autoren sind mehr oder minder explizit am *body turn* beteiligt, Hermann Schmitz hat als einer der Ersten ganz entschlossen diesen *move* vollzogen, er ist Ideengeber bei Rosa und mein Mastermind. Die Lektüren von Schmitz wurden bei mir zu einem prägenden Lebensfaktor. Zu den Initiatoren dieser Neu-Fokussierung darf man selbstredend den häufig übersehenen Aby Warburg zählen. Und Martin Seligman geht es in seiner Positiven Psychologie ganz entschieden um das leibliche Wohlergehen.

Alle besprochenen Autoren sind religiös affin oder religiös musikalisch. Das ist alles andere als selbstverständlich. Religion und auch die Vokabeln *Gott* oder *göttlich* zählen oft nicht mehr zum intellektuellen Inventar in den Geisteswissenschaften, durchaus aber das *Heilige*. Aber sowohl Hermann Schmitz, der eine veritable Definition von Religion vorlegt, als auch Hartmut Rosa wehren sich gegen Interpretationen, sie legten mit ihren Büchern eine Heilslehre oder Soteriologie vor. Die Absetzbewegung ist freilich einem tradierten und etwas verschlissenen Verständnis von Soteriologie und Theologie geschuldet. In dieser Frage ist der überlappende Konsens mit (m)einer Leibtheologie größer als zunächst sichtbar. Ich habe vorgeschlagen, den Heilsbegriff aus dem alten heilsgeschichtlichen Drama von *Schöpfung / Fall / Versöhnung / Erlösung* zu befreien und als positive Erfahrungs*qualität* zu deuten. Diese Umformung zog auch eine Neukonturierung des Sündenbegriffs nach sich, weil traditionell die Soteriologie als Erlösung von der Sünde gedeutet wird. *Sünde ist* in meinem Deutungsspiel eine Abschottung gegen Selbstbildhinterfragungen in Schlüsselsituationen affektiver Betroffenheit, sprich: *Resonanzverweigerung*. Ziel ist es, gegen Sünde und damit zugleich immer auch gegen Gewalt zu agieren und *emotional zu wachsen* hin zu einem genussreichen und freudigen Leben in Gemeinschaft (Mensch, Tiere, Pflanzen, Natur, Seligkeitsdinge), das nicht länger von der Sündenverdrießlichkeit heimgesucht und herumgeworfen wird. Damit ist ein altes Verständnis von Soteriologie oder Heilslehre, auf das sich Rosa und Schmitz kaprizieren, vom Tisch. So umgeformt, ist die Theologie wieder diskursfähig im Gespräch mit soziologischen und philosophischen Entwürfen von Rang.

Die Frage nach Unsterblichkeit oder Auferstehung (futurische Eschatologie), die über eine innerweltliche Erfahrung des Ewigen oder Unendlichen (präsentische Eschatologie) hinausgeht, explizit zu stellen und Antworten zu erkunden, habe ich mir von Hermann Schmitz vorgeben lassen: Gäbe es, so meine Interpretation, keine Ewigkeit, wären der Tod und die nachfolgenden Generationen diejenigen, die unser Leben festschreiben – *vielleicht werden wir darauf festgelegt, viele von uns hätten die ökologische Wende zu spät erkannt und aufgrund eines falschen Selbstbildes verzögert*! Die Idee eines unsterblichen Leibes (nicht einer unsterblichen Seele) lockt mit der Vorstellung einer Erlösung von den Festschreibungen durch Tod und Geschichte, ist auch nicht die ermüdende Verunendlichung endlichen Lebens, sondern malt einen Prozess der Klärung und Umwandlung vor Augen: In der Atmosphäre reiner göttlicher Liebe können Opfer Tätern, die ihnen himmelschreiende Ungerechtigkeiten angetan haben, verzeihen.

Richtig. Sowohl den Texten von Aby Warburg, Hartmut Rosa, Hermann Schmitz und Martin Seligman sieht man die Verwurzelung in der jüdischen und christlichen Tradition an. Schmitz ist insofern ein Sonderfall, weil er die Frage nach Gott und Göttern an Gefühlsmächte zurückbindet, die sich personal inkarnieren können. Das erschließt einen weiteren Fokus, erlaubt zugleich Übergänge zu polytheistischen, also Viel-Göttervorstellungen wie etwa im Hinduismus. Die explizite Rede vom Göttlichen oder Heiligen erschließt zugleich Diskussionsräume zu Religionen, die ohne einen personalen Gott auskommen wie etwa im Buddhismus. Ich spreche deshalb von einer möglichen *Vielfalt*, nicht einer Konkurrenz *religiöser Erfahrungen*.

Ganz entschieden nehme ich meinen Ausgang vom heiligen Geist, der zurückgebunden wird an eine vom Spiel- und Tanzgedanken inspirierte Schöpfungstheologie. In diesem Kontext bleibt auch Jesus Christus verortet, dessen spielerischen, fiktionsstarken Gleichnisse die versteinerte und entfremdete Wirklichkeit zum Tanzen zwingt. Aber auch das gilt es in der Treue zur eigenen Tradition zu erinnern: Jesus Christus war auf das Leid der Mitmenschen fokussiert, nicht auf das Seufzen der Kreaturen. Auch deshalb, weil er im Klima einer apokalyptischen Naherwartung des Endes der Welt lebte, das zu einseitigen Verschärfungen von Normen führte – etwa in der Ehe, weil erotische Faszination durch Dritte bereits als Ehebruch definiert wird (vgl. Mt 5,27f.). Aus dieser apokalyptischen Tradition hat Jesus Christus sich nicht befreien können. Das ist kein kleines Manko.

Schwierigkeiten habe ich mit der Rede von *Unverfügbarkeit*. Lässt sich religiöses Spüren wachrufen? Ich behaupte: Ja. Kunst kann Erfahrungen inszenieren, wie diese allerdings gedeutet werden, ist abhängig von der persönlichen Situation desjenigen, der Heiligkeitserfahrungen als subjektive Tatsache erfährt. Insofern gibt es Grauzonen des Unverfügbaren, man sollte sie aber nicht überbewerten, denn diese Rede von Unverfügbarkeit unterminiert die lebensfördernde Macht namentlich der Kunst, Erfahrungen zu inszenieren und *Hoffnung zu wecken*. Leibphänomenologie will die Erfahrungen für breite Schichten inszenieren. Von hier aus ließe sich auch eine politische Theologie der Hoffnung auf den Weg bringen, die sich zentral mit demokratischen und undemokratischen Gefühlen (Martha Nussbaum, Eva Illouz) auseinandersetzt.

Schließlich: Hermann Schmitz verdanke ich auch eine weiterführende Intuition. Seine Goethe entliehene Idee des Ur-Existenzials von Einatmen und Ausatmen, gespürter Enge und Weite, findet sich in sehr vielen Weltreligionen bedacht (Judentum, Christentum, Islam, Buddhismus, Hinduismus, Taoismus etc.) und bietet vielleicht eine belastbare Plattform, um eine *Theologie der Religionen* von dort her auf den Weg zu bringen. Das würde das Angebot auch an religiösen Sinnagenturen deutlich vergrößern. Geht man vom Atem als Ur-Existenzial aus, dann erschließen sich ganz neue Zugänge zu einer Theologie der Religionen, die nicht weiterhin von einer überzogenen Sündenlehre, einem zwiespältigen Alleinstellungsmerkmal im Christentum, dominiert werden. Und auch das Prädikat der Höchstgeltung (Troeltsch) der christlichen Religion muss man kassieren. Eine interdisziplinär angelegte Theologie der Religionen im Ausgang vom Atmen: Das aber ist Zukunftsmusik.

Anmerkungen

Übung 3
Einübung in die Kunst der spielerischen Identifizierung

1. Der deutsche Ableger von FFF, namentlich Lisa Neubauer, hat sich von Greta Thunberg distanziert. Hintergrund ist der brutale Überfall der Terrororganisation Hamas auf Israel am 7. Oktober 2023 und die anschließende Bombardierung Gazas durch das israelische Militär, die sehr viele zivile Opfer gefordert hat. Höchst einseitig hat sich Greta Thunberg mit der palästinensischen Bevölkerung solidarisiert und die Opfer in Israel aus dem Blick verloren. Von vielen Seiten, etwa vom Antisemitismus-Beauftragten Baden-Württembergs, Michael Blume, ist ihr Antisemitismus attestiert worden.

Rosas Weltfrömmigkeit
Eine soziologische Theorie der Lebensführung

1. Der Psychiater und Philosoph Thomas Fuchs, der viele Einsichten von Hermann Schmitz importiert hat, deutet wie Rosa Depression und Burn-Out als Folge der Beschleunigung. »(D)ie Depression ist nicht nur eine Störung der individuellen Zeitlichkeit. Sie lässt sich auch als eine Entkoppelung von der gemeinsamen Zeit auffassen, das heißt als eine *Desynchronisierung*. Der Depressive vermag mit dem Fortgang der Ereignisse, den Anforderungen und Fristen nicht mehr Schritt zu halten. Unter diesem Aspekt gesehen, wird die Depression auch zu einem möglichen Indikator für eine Überlastung der Subjekte in beschleunigten Gesellschaften; sie wird – über den historisch weitgehend invarianten Anteil schwerer Depressionen hinaus – zum Ausdruck einer sozialen Pathologie, zu einer »Zeitkrankheit« im kulturdiagnostischen Sinn.« (Chronopathologie der Überforderung, 52) Fuchs verweist auf viele Studien, die zeigen, dass »Beschleunigungsprozesse in westlichen Gesellschaften tatsächlich eine erhöhte Prävalenz depressiver Störungen zur Folge haben«. (55) Er macht als Problem aus, dass sich das lineare Zeitprinzip über das »primäre, vitale oder präreflexive Leben und Erleben« (56f.) legt. »Das Konzept der linearen Zeit entsteht erst

mit der Reflexion.« (57) Die Übermächtigkeit des linearen Zeitsystems wird durch (vgl. 60f.) die »Kapitalakkumulation« in Italien, die Installation »öffentlicher Räderuhren«, die »Newton'sche Physik« und die »kollektive Todeserfahrung der Pest um 1350« befördert. »Wie sich zeigt, erschöpft das lineare Zeitprinzip tendenziell die Ressourcen des Individuums, die nur zyklisch regenerierbar sind. Das Burn-out-Syndrom lässt sich dann als ein Versagen der Resynchronisierungsprozesse auffassen.« (69) Fuchs spricht von einem »Resonanzdefizit« (69) und empfiehlt »Rerhythmisierungen« als »Mittel der Hemmung gegen die ungebremste Dynamik des globalisierten Finanzkapitalismus.« Er votiert gegen »24 Stunden Öffnungszeiten« und für eine »Kultur der Melancholie« als »Kultur der Langsamkeit, der Erinnerung«. (75) Vgl. Fuchs, 2018; Fuchs, 2020.

2. Es gibt neben Rosa Vorläufer der Resonanzdebatte. Zum Ausgangspunkt seiner Leibphänomenologie hat Hermann Schmitz den Leib als »universalen Resonanzboden« (UG 116, SdP II, 1; II2,; III 5) ausgezeichnet. Sehr ausführlich behandelt hat der Neutestamentler Gerd Theißen das Thema in seinem Essay: *Argumente für einen kritischen Glauben oder: Was hält der Religionskritik stand?* (München 1978): »Wir benötigen daher einen übergreifenden Begriff, der sowohl die zwischenmenschlichen Beziehungen als auch die nicht unbedingt intentional zu interpretierenden Erfahrungen des Heiligen in der außermenschlichen Wirklichkeit umfaßt. Wir führen hier einen neuen Begriff ein, den Begriff »Resonanz« bzw. »Resonanzerfahrung«.« (48) Das »Verstummen von Resonanz« belegt er mit dem Camus entlehnten Begriff der »Absurdität«. Die Definition lautet: »Religion ist Sensibilität für Resonanz und Absurdität der Wirklichkeit.« (49). Theißen untersucht dann »nomologische«, also auf die Wissenschaft bezogene »Resonanz- und Absurditätserfahrung«; »hermeneutische, solidarische und erotische«; »organologische«; »ästhetische« und »existentielle« Resonanz- und Absurditätserfahrungen. (49-67) Rosa zitiert Theißen übrigens nicht.

3. In die falsche Richtung zielt der von theologischer Seite gerne geäußerter Vorwurf, Rosa ziele auf Selbsterlösung. »Bei Rosa ist der Grund der Erlösung, wie sollte es angesichts seiner Weltfrömmigkeit anders sein, der Mensch, der es als Einzelner irgendwann in seiner post-kapitalistischen Entwicklungsphase der menschlichen Zivilisation schafft, den Zustand des gelingenden, allseitig resonanzreichen Lebens zu erreichen. (…) Aber die Zukunft ist, theologisch gesprochen, ein Reservat Gottes. Den aber gibt es bei Rosa nicht.« Rainer Bucher: Was erlöst?, 324, 330.

4. Vgl. Ivo Bäder-Butschle / Detlef Lienau: Funktionalisierte Religion. In diesem Buch werden neben Hartmut Rosas Resonanzbuch auch die Ansätze von Andreas Reckwitz, Hans Joas und Detlef Pollack besprochen.

Die Begegnung mit den Bildern oder: Aby Warburgs Bilder-Atlas als Lebenskunde

1. Ernst H. Gombrich: Aby Warburg, 38. Das Essay übernimmt Gedanken und Passagen aus Klaas Huizing: Handfestes Christentum.
2. Aby Warburg: Der Bilderatlas, 5.
3. Ebd.
4. Giorgio Agamben: Mittel ohne Zweck, 57.
5. Ernst H. Gombrich: Ritualized Gesture, 398.
6. Ernst H. Gombrich: Aby Warburg, 322. Zu diesem Entdämonisierungsprogramm zählt Warburg auch namentlich die Forschungen von Kepler, ein Gedanke, den ich hier nur anreißen kann.
7. Ernst H. Gombrich, Aby Warburg, 334. Ich folge hier sehr eng seiner Darstellung.
8. Aby Warburg: Der Bilderatlas, 4.
9. Aby Warburg: Die Erneuerung der heidnischen Antike, 449.
10. Diese Geste findet sich später auch bei Rembrandt wieder in seinem Gemälde *Die Steinigung des heiligen Stephanus* (1625), dazu Klaas Huizing: Handfestes Christentum, 42f.
11. Aby Warburg spricht in der Einleitung zum Mnemosyne-Atlas von *Engrammen*, von Einschreibungen extremer Reize, die eine physiologische Gedächtnisspur hinterlassen und durch die Wiederholung dieses Reizes erneut ausgelöst werden. Bereits Aby Warburg spricht wie später Hermann Schmitz von Einleibung. Bei Aby Warburg ist zugleich die Rede vom Leibgedächtnis vorgeprägt (dazu Summa 2011).
12. Max Pohlenz: Stoa und Stoiker, XXIV.

Aufblühen dank Martin Seligman
Positive Psychologie als Theorie gelingenden Lebens

1. Martin Seligman: Wie wir aufblühen, 115. Folgende Zitate beziehen sich auf diesen Klassiker. Vgl. auch aus der V. E. Frankl-Tradition Batthyány.
2. Der Vorwurf von Ehrenreich lautet: »In addition, positive thinking has made itself useful as an apology for the crueler aspects of the market economy. If optimism is the key to material success, and if you can achieve an optimistic outlook through the discipline of positive thinking, then there is no excuse for failure. The flip side of positivity is thus a harsh insistence on personal responsability; if your business fails or your job is eliminated, it must because you didn't try hard enough, didn't believe firmly enough in the inevitability of your success. As the economy has brought more layoffs and financial turbulence to the middle class, the promoters of positive thinking habe increasingly emphasized this negative judement: to be disappointed, resentful, or downcast is to be a ›victim‹ and a ›whiner‹.« Hier 8f.
3. Seligman hätte sich hier leicht in der Philosophie bei Bernard Williams Hilfe holen können, der tugendethisch den Charakter rehabilitiert. Dazu Klaas Huizing: Scham und Ehre, 27, 38, 41 u.ö. In einem Haudrauf-Buch von Edgar Cabanas und Eva Illouz: *Das Glücksdiktat*, wird Seligman vorgehalten, seine Glückstheorie (davon redet er selbst nicht mehr) würde wenig kaschiert dem Neoliberalismus huldigen und damit das Individuum strukturell überfordern. Es ist schlicht falsch zu behaupten, Seligman lasse die sozialen Aspekte für seine Theorie des Wohlbefindens außer Acht. Und es ist gerade eine Stärke der Positiven Psychologie, dass Seligman wie auch Rosa den Gedanken der Selbstwirksamkeit stark machen.
4. Spannend zu lesen ist das Therapiemanual von Tayyab Rashid und Martin Seligman: Positive Psychotherapie, 2021.
5. Und auch Wittgenstein, einem frühen Liebling von Seligman, wird der Laufpass gegeben mit dem Satz, er sei ein »akademischer Schaumschläger«, der die wahren Lebensprobleme ausgeblendet habe (91).
6. Rainer Mausfeld: Psychologie, ›weiße Folter‹ und die Verantwortlichkeit von Wissenschaftlern, 229. Die folgenden Seitenzahlen beziehen sich auf diesen Text.
7. Neben der sehr kontroversen Kritik durch Barbara Ehrenreich gibt es auch an der Debatte ernsthaft interessierte Auseinandersetzungen. Ich

nenne zwei: Craig Steven Titus vergleicht Thomas von Aquins Tugendansatz mit dem Ansatz von Seligman. Sein Ergebnis lautet: »In sum, Seligman and Aquinas's differences in conceptualizing virtue come from their differences in assumptions about the person. Aquinas's assumptions leave a way to recognize moral and spiritual content, motivation, and intention within virtues, which aids to explain certain twists of moral psychology, the semblances of virtues, and the diverse paths of connecting the virtues that lead to positive moral development and human flourishing. (...) However, his approach itself leaves little room to consider the reason-based dimension of virtue (i.e. the implication of moral and spirituel suppositions) when studying the acts and habitual dispositions of the agent.« In: Craig Steven Titus: Aqunias, Seligman, and positiv psychology, 456. Allerdings: Der Aufsatz erscheint in einem Magazin, das der Verbreitung des Positive-Psychologie-Ansatzes dient. Hübsch ironisch ist der Vortrag eines Kollegen, der aus der Sicht der ›Humanistic Psychology‹ argumentiert. Seligman hatte dieser Vereinigung vorgeworfen, »they have generated no research tradition, are narcissisitic, and are antiscientific«. Das Fazit von Eugene Taylor, der alle drei Punkte vehement bestreitet, lautet: »After all, ironically, future historians may identify him as a modern exponent of this very tradition.« Eugene Taylor: Positive Psychology and Humanistic Psychologie, 13, 27.
Spannend wäre eine Debatte zwischen Rosa und Seligman über die Stärke monistischer und nicht-monistischer Ansätze.

Leibesfeier
Lebensschule mit Hermann Schmitz

1. In Spätschriften hat Schmitz den Schmerz als Erzieher ausgezeichnet. Ich zitiere aus seinem Mammutwerk ein eingängiges Zitat: »Ich halte den Schmerz inzwischen für einen unentbehrlichen Erzieher des Menschen. Vor anderen Weisen überwiegender Engung im vitalen Antrieb, wie der Angst und der Beklommenheit oder auch der konzentrierten Disziplin (im Sinne des Aufrufs: ›Nimm dich zusammen!‹) zeichnet der Schmerz sich dadurch aus, daß er dem Betroffenen keinen Spielraum lässt. Er konfrontiert in ausgezeichneter Weise. Man muß sich mit ihm auseinandersetzen, weil man nicht in ihm aufgehen kann wie in der Angst, in die man sich fallen läßt, z. B. in panischer Flucht. Der Schmerz zwingt den Menschen, zu sich selbst zu stehen ange-

sichts einer Macht, die ihn an der elementaren Wurzel seines affektiven Betroffenseins angreift und dort zu vernichten droht. So zwingt der Schmerz den Menschen zu einer Eindeutigkeit, die anders nicht zu erreichen ist.« (ZEdP 91) Die Einheit des Leibes als einem Gewoge von Leibesinseln wird in der Enge, nach Schmitz auch im Schmerz erreicht. Fatal aber wäre es, daraus eine *Kultur des Schmerzes* abzuleiten, vielmehr wird der Schmerz als wichtige Leiberfahrung akzeptiert mit dem Ziel, aus der Lethargie aufzuwachen, Stellung zu nehmen und Eindeutigkeit zu erreichen. Hier wird nicht einer Leidensmystik das Wort geredet: Auch ein glücklicher Schock kann handfeste Schmerzen erzeugen. Ich darf daran erinnern: Jesus ist Heiler, der das Leiden bekämpfte. Auch in der Barth-Tradition wird dieser Gedanke hochgehalten. Sinnloses Leiden soll nicht sein. Aber Schmerz, auch das ist richtig, muss nicht zwangsläufig total unglücklich machen.

2. Nicht zufällig steht in der Todesanzeige von Hermann Schmitz, abgedruckt in der FAZ, aufgegeben von zwei engen Weggefährten und Schülern, zu lesen: »Wer sein Denken aufmerksam verfolgte, konnte nicht anders, als tief beeindruckt zu sein von der Konsequenz, mit der hier jemand das Gesetz befolgte, nach dem er angetreten war. Wer das Glück hatte, ihn persönlich zu kennen, begegnete jemandem, der dem Leben der Menschen durch Nachdenken zu dienen versuchte.« (FAZ, 07.05.2021)

3. Die Neue Phänomenologie ist inzwischen ein sich weit ausdifferenzierendes Denkmodell, das auch zu Fragen und Visionen, zu denen Schmitz sich nicht mehr geäußert hat, Antworten parat hat, etwa eine Auseinandersetzung mit dem Transhumanismus. Menschliches Leben, so die Übereinkunft, nimmt vom leiblichen Spüren und von zwischenleiblichen Einleibungen seinen Ausgang. Thomas Fuchs, der sich intensiv mit Schmitz auseinandergesetzt und von ihm sehr profitiert hat, gibt auch Antworten auf den Transhumanismus. Zwar lässt sich durchaus die Möglichkeit ausmalen, dass in vielleicht sogar naher Zukunft ein Gehirn mit einem Computer verschaltet wird, allerdings lässt sich so nur die *kognitive Intelligenz* speichern. Aber: Die kognitive Intelligenz ist nur eine Schrumpfform des Menschlichen, in den letzten Jahrzehnten haben wir endlich auch die soziale, emotionale, kreative Intelligenz entdeckt. Menschliche Intelligenz ist leibgebunden, »keine qualitative Erfahrung lässt sich aus Daten und Informationen ableiten. Bewusstsein ist überhaupt nicht das geistlose Durchlaufen von informationellen Zuständen – es ist im Kern *Selbstgewahrsein*.« Fuchs

spricht von einem »basale[n] Selbstempfinden, das den Hintergrund all unserer Erfahrungen bildet, ein *Lebensgefühl*, das unserer Leiblichkeit entstammt und sich in Wohl- oder Missbefinden, spezifischer in Hunger, Durst, Schmerz oder Lust manifestiert«. (Verteidigung, 2020, 104; vgl. Gehirn [2]2009). Und Kreativität, davon bin ich tief überzeugt, ist ein situationssensibles, im Schreck und der Enge verortetes spielerisches Geschehen, das im Transhumanismus, der Intelligenz vom Leib ablöst, nicht eingeholt werden kann. Ein Leben als Kognitionsmonster finde ich wenig attraktiv. Nein: Auch das Gehirn ist, mit den Worten von Thomas Fuchs, »ein Beziehungsorgan«. Umstritten in der Rezeption von Hermann Schmitz ist sein Buch: Adolf Hitler in der Geschichte. Die strikt geistesgeschichtliche Einordnung Hitlers führt trotz aller Kritik an der Figur Hitler zu einer bedenklichen Relativierung der Shoa und verfehlt seinen Gegenstand.

Lebenslehre
Theologie als Deutungsagentur des Leibeslebens

1. In einem spannenden Buch haben Gerald Hüther und Christoph Quarch das Spiel gefeiert und auch auf Proverbien 8 verwiesen. »Die spielerische Leichtigkeit der alten Griechen oder auch der Kelten, ja überhaupt der meisten indigenen Völker, sucht man im Dunstkreis der abrahamischen Religionen – des Judentums, des Christentums und des Islams – vergebens. Oder doch fast vergebens, denn wir wollen nicht unterschlagen, dass in den Weisheitsbüchern der Israeliten erzählt wird, einst habe, da er die Welt erschuf, die Weisheit Gottes (choma) vor des Allmächtigen Auge getanzt (Prov 8,27-31). Auf diesen Text nahmen gerne auch die frühen Kirchenlehrer Bezug, die noch den Geist der heidnischen Philosophie atmeten, etwa Gregor von Nazianz, der unsere Welt als Spiel des göttlichen Geistes dachte, oder Maximus Confessor, der den Menschen als Gottes Spielzeug begriff.« Hüther/Quarch, Spiel, 46. Weisheitstheologie versucht, präzise dieses Lebensgefühl neu einzuspielen. Als »zentrale Signaturen« des Spiels haben die Autoren ausgemacht: »Verbundenheit, Freiheit, Darstellung« (125). Ich mache das leibliche Darstellungsspiel als spielerische Identifizierung stark. Den Autoren gelingen auch Verbindungen zur Naturwissenschaft, denn das Gehirn wird spieltheoretisch gedeutet als Spielfeld, das irritierende Erfahrung spielerisch verarbeitet und sich so weiterentwickelt. (36f.)

2. Der Phänomenologe Eugen Fink schreibt: »Das Spiel ist uranfänglich die stärkste bindende Macht, ist gemeinschaftsstiftend.« Fink, Oase, 41.

3. In der Hebräischen Bibel und im Alten Testament sind es drei Berufsgruppen, die für den Transfer zwischen Gott und Welt zuständig sind: Die Propheten verkünden Gottes *Wort*, ihnen an die Seite gestellt sind die Priester, die zugleich als Gesetzeskundige zuständig sind für die *Weisung*, und die Weisheitslehrer, also die Meister der *Paideia*, der Bildung und Erziehung, die einen *Rat* erteilen. (Vgl. Jer 18,18, vgl. Ez 7,26) *Weisung*, *Wort* und *Rat* also. Offenbar fanden die drei Gruppen durch die Schreiberschulen zusammen. Die alttestamentliche Theologie ist eine hochspannende *hybride Denkform*. Bisher wurde die Weisheitstheologie vernachlässigt. Ich habe deshalb die Weisheitstheologie stark gemacht, ohne die anderen Gruppen zu vernachlässigen.

4. In seinem Theaterstück *Regen* hat Ferdinand von Schirach das Angebot christlicher Religion dankend abgelehnt – mit einer großen Verbeugung inklusive: »Das Neue Testament, die Bergpredigt, das ist eine menschenfreundliche, warme Philosophie, den verzweifelten, verlassenen Christus kann ich verstehen. Trotzdem habe ich das Christentum immer als eine traurige, dumpfe und enge Religion empfunden, schon allein das Kreuz als Symbol ist mir widerwärtig, ein Folter- und Tötungsinstrument. Die Kirche hat über Jahrhunderte den Menschen klein und hässlich gemacht, und ihr Konzept der Sünde stößt mich ab.« Gleichzeitig sagt er mit feinem Sensorium: »Ich vermisse das Heilige, es verschwindet allmählich aus unserer Welt. Das Geheimnis, das Wunderbare und Unerklärliche ist der tiefste Grund für Kunst. Wenn es das nicht mehr gibt, verschwindet auch sie. Dann ist alles durchdekliniert und sieht aus wie die Oberfläche eines iPhone.« (Regen, 105) Solche Blicke von außen können die Theolog*innen hoffentlich kräftig irritieren.

5. Gerd Threißen fragt: »Geben uns die Bilder und Symbole neutestamentlicher Christologie eine angemessene Antwort auf die religiöse Grundproblematik: auf den Konflikt von Resonanz- und Absurditätserfahrung?« Die Antwort lautet: ja. »Christologische Symbolik sensibilisiert für die grundlegende Ambivalenz des Heiligen, für seine faszinierenden wie erschreckenden Aspekte. Es gibt kaum ein überzeugenderes Symbol für die Absurdität menschlichen Daseins wie das Kreuz.« Theißen, AkG, 101, 109.

6. Hier wird man weiterfragen müssen. So hat etwa Corine Pelluchon hinsichtlich der Leib-Phänomenologie dafür plädiert, geschlechtsspe-

zifische Fragen in den Blick zu bringen. Sie betont die eigentümlich strukturierte leibliche Zeiterfahrung von Frauen. Erste Überlegungen finden sich in Pelluchon: DU, 129-151.

7. Ausnahmsweise eine längere Fußnote. Bei der Entscheidung zwischen *Auferstehung* und *Unsterblichkeit* votiere ich entschieden für die Unsterblichkeit, weil das Theorieformat der Auferstehung stets mit dem Problem kämpft, wie die Identität des ganztoten Individuums mit dem auferstandenen, eigentlich: neugeschaffenen Individuum zusammenfällt. In neueren Versuchen wird die diachrone Identität mit dem Leibgedächtnis verknüpft, um einer Antwort näherzukommen. (So Gasser/Weichlein, 55., hier 55f.; dazu Michaela Summa, Leibgedächtnis; Thomas Fuchs, Leiblichkeit.) An dem Essayband mit vielen anregenden Aufsätzen sind zwei Sachverhalte auffällig: Auf dem Cover steht Unsterblichkeit, die zentralen Aufsätze sprechen aber von Auferstehung. Sodann: Überraschend fehlt der Autor Hermann Schmitz. Das ist deshalb verwunderlich, weil Schmitz in seinem System zurecht scharf zwischen den zwei Modellen Unsterblichkeit und Auferstehung unterscheidet – mit der zusätzlichen Pointe, dass Schmitz von der *Unsterblichkeit des Leibes* spricht. Schmitz bescheidet sich dann auch nicht wie die Autoren Gasser und Weichlein darin, das irdische Leben werde »durch Gottes Handeln offenbar in eine andere Existenzweise hineintransformiert«, »wie« aber die »Realisierung dieser anderen Existenzweise im Jenseits« vonstattengehe, darüber lasse sich allenfalls spekulieren. Schmitz, der statt von Leibgedächtnis von Einleibung spricht, bietet eine These an: Bereits im Diesseits gibt es Erfahrungen, die eine Idee des vollständigen Ausreisens des Leibes aus dem Körper für denkwürdig halten. Darüber lässt sich freilich streiten. Und: Einen theistischen Gott braucht Schmitz dafür nicht.

Exit
Der produktive Streit um Lebensdeutungen

1. Bisher galt eine Einschätzung von Gerd Theißen: »Oft hat man den Eindruck, als redeten hier existentialistische, strukturalistische, dialektische, systemtheoretische und andere Geheimnisträger in unverständlichen Sondersprachen hoffnungslos aneinander vorbei, so daß entscheidende Fragen unseres Lebens mehr verdunkelt als erhellt werden.« Gerd Theißen, AkG, 57.

Literatur

Agamben, Giorgio: Mittel ohne Zweck. Noten zur Politik, Freiburg i.Br. / Berlin 2001.

Baarlink, Fritz: Evangelisch-altreformierte Gemeinde Emlichheim (Einsichten), in: Sabine Dreßler / Andreas Mertin (Hg.): Einsichten. Zur Szenographie des reformierten Protestantismus, Solingen 2017, 104-107.

Bäder-Butschle, Ivo / Lienau, Detlef: Funktionalisierte Religion. Soziologische Perspektiven auf Religion und Kirche, Leipzig 2021.

Bakewell, Sarah: Das Café der Existenzialisten. Freiheit, Sein & Aprikosencocktails (Café), München 2016.

Batthyány, Alexander: Die Überwindung der Gleichgültigkeit. Sinnfindung in einer Zeit des Wandels, München ^{2}2017.

Bloch, Ernst: Das Prinzip Hoffnung. Kapitel 1-32, Frankfurt a.M. 1985.

Böhme, Gernot: Leibsein als Aufgabe (LaA). Leibphänomenologie in pragmatischer Hinsicht, Zug 2003.

Böhme, Gernot: Leib: Die Natur, die wir selbst sind (Leib), Berlin 2019.

Bucher, Rainer: Was erlöst? Die Theologie angesichts soziologischer (Welt-)Frömmigkeit in spätkapitalistischen Zeiten, in: Tobias Kläden / Michael Schüßler (Hg.): Zu schnell für Gott? Theologische Kontroversen zu Beschleunigung und Resonanz, Freiburg i.Br. 2017, 310-334.

Cabanas, Edgar / Illouz, Eva: Das Glücksdiktat und wie es unser Leben beherrscht. Aus dem Englischen von Michael Adrian, Berlin 2019.

Cilauro, Santo / Gleisner, Tom / Stich, Rob: Molwanîen. Land des weiterhin schadhaften Lächelns, München ^{3}2014.

Ehrenreich, Barbara: Smile oder Die. Wie die Ideologie des positiven Denkens die Welt verdummt. Aus dem Englischen von Gabriele Gockel, München 2020.

Fink, Eugen: Oase des Glücks. Gedanken zu einer Ontologie des Spiels, (Oase), Freiburg i.Br. / München 1957.

Fuchs, Thomas: Das Gehirn – ein Beziehungsorgan. Eine phänomenologisch-ökologische Konzeption (Gehirn), Stuttgart ^{2}2009.

Fuchs, Thomas: Chronopathologie der Überforderung. Zeitstrukturen und psychische Krankheit, in: Thomas Fuchs / Lukas Iwer / Stefano Micali (Hg.): Das überforderte Subjekt. Zeitdiagnosen einer beschleunigten Gesellschaft, Berlin 2018, 52-79.

Fuchs, Thomas: Verteidigung des Menschen. Grundfragen einer verkörperten Anthropologie (Verteidigung), Berlin 2020.

Gasser, Georg / Weichlein, Raphael: Personale Identität, Leiblichkeit und die Metaphysik der Auferstehung, in: Sebastian Gäb / Georg Gasser (Hg.): Philosophie der Unsterblichkeit, Stuttgart 2023, 39-60, besonders 54-57.

Glasenapp, Jörn: Taylor Swift. 100 Seiten, Stuttgart 2024.

Gombrich, Ernst H.: Ritualized Gesture and Expression, in: Philosophical Transactions of the Royal Society of London, Serie B, Nr. 772, Bd. 251, 1966, 393-407.

Gombrich, Ernst H.: Aby Warburg. Eine intellektuelle Biographie, Hamburg 1992.

Habermas, Tilmann: Geliebte Objekte. Symbole und Instrumente der Identitätsbildung, Frankfurt a.M. 1999.

Hüther, Gerald / Quarch, Christoph: Rettet das Spiel! Weil Leben mehr als Funktionieren ist, München [6]2018.

Huizing, Klaas: Lebenslehre. Eine Theologie für das 21. Jahrhundert, Gütersloh [2]2024.

Huizing, Klaas: Scham und Ehre. Eine theologische Ethik, Gütersloh [2]2020.

Huizing, Klaas: Rosa(s) Resonanzkunst. Eine theologische Antwort, in: Jean-Pierre Wils (Hg.): Resonanz. Im interdisziplinären Gespräch mit Hartmut Rosa, Baden-Baden 2019, 127-138.

Huizing, Klaas: Handfestes Christentum. Eine kleine Kunstgeschichte christlicher Gesten, Gütersloh 2007.

Jaspers, Karl: Maßgebende Menschen. Sokrates, Buddha, Konfuzius, Jesus, München 2000.

Kermani, Navid: Jeder soll von da, wo er ist, einen Schritt näher kommen. Fragen nach Gott, München 2022.

Korsch, Dietrich: Antwort auf Grundfragen christlichen Glaubens. Dogmatik als integrative Disziplin (AaG), Tübingen 2016.

Lange, Frits de: Overweldigend: leven met wat je niet in de hand hebt (Ol), Amsterdam 2023.

Landweer, Hilge: ›Gute‹ und ›schlechte‹ Resonanzen? Ein Vorschlag zur Erweiterung von Hartmut Rosas Resonanztheorie, in: Jean-Pierre Wils (Hg.): Resonanz. Im interdisziplinären Gespräch mit Hartmut Rosa, Baden-Baden 2019, 57-69.

Latour, Bruno: Das Parlament der Dinge. Aus dem Französischen von Gustav Roßler, Berlin 2009.

Mausfeld, Rainer: Psychologie, ›weiße Folter‹ und die Verantwortlichkeit von Wissenschaftlern, in: Psychologische Rundschau 60 (4) 2009, 229-240.

Otto, Rudolf: Das Heilige. Über das Irrationale in der Idee des Göttlichen und sein Verhältnis zum Rationalen, Neuausgabe mit einem Nachwort von Hans Joas, München 2014.

Pelluchon, Corine: Die Durchquerung des Unmöglichen. Hoffnung in Zeiten der Klimakatastrophe. Aus dem Französischen von Grit Fröhlich, München 2023.

Pèpin, Charles: Kleine Philosophie der Begegnung. Aus dem Französischen von Caroline Gutberlet, München 2022.

Petersdorff, Dirk von: Johann Wolfgang von Goethe: »Talismane«. Frankfurter Anthologie, FAZ 21.04.2017. https//www.faz.net/aktuell/feuille ton/buecher/frankfurter- anthologie/frankfurter-anthologie-johann-wolfgang-goethe-talismane-14978245.html

Pohlenz, Max: Stoa und Stoiker. Die Gründer. Panaitios, Poseidonios, Zürich / Stuttgart 1950.

Rosa, Hartmut: Resonanz. Eine Soziologie der Weltbeziehung (R), Berlin 2016.

Rosa, Hartmut: Beschleunigung. Die Veränderung der Zeitstrukturen in der Moderne, Frankfurt a.M. (B) 2005.

Rosa, Hartmut: Gelingendes Leben in der Beschleunigungsgesellschaft. Resonante Weltbeziehungen als Schlüssel zur Überwindung der Eskalationsdynamik der Moderne (GL), in: Tobias Kläden / Michael Schüßler (Hg.): Zu schnell für Gott? Theologische Kontroversen zu Beschleunigung und Resonanz, Freiburg i.Br. 2017, 18-51.

Rosa, Hartmut: Resonanz als Schlüsselbegriff der Sozialtheorie (RaS), in: Jean-Pierre Wils (Hg.): Resonanz. Im interdisziplinären Gespräch mit Hartmut Rosa, Baden-Baden 2019, 11-30.

Rosa, Hartmut: Zur Kritik und Weiterentwicklung des Resonanzkonzepts (ZK), in: Jean-Pierre Wils (Hg.): Resonanz. Im interdisziplinären Gespräch mit Hartmut Rosa, Baden-Baden 2019, 191-212.

Rosa, Hartmut: Unverfügbarkeit, Berlin 2020.

Sartre, Jean-Paul: Das Sein und das Nichts. Versuch einer phänomenologischen Ontologie (SuN). Herausgegeben von Traugott König. Übersetzt von Traugott König und Hans Schöneberg, Hamburg 1993.

Schirach, Ferdinand von: Regen. Eine Liebeserklärung, München 2023.

Schmid, Konrad: Theologie des Alten Testaments (TAT), Tübingen 2019.

Schmitz, Hermann: Neue Phänomenologie (NP), Bonn 1980.

Schmitz, Hermann: Der unerschöpfliche Gegenstand (UG). Grundzüge der Philosophie, Bonn 1990.

Schmitz, Hermann: Adolf Hitler in der Geschichte (AH), Bonn 1999.

Schmitz, Hermann / Sohst, Wolfgang: Hermann Schmitz im Dialog (HSiD). Neun neugierige und kritische Fragen an die Neue Phänomenologie, Berlin 2005.

Schmitz, Hermann: Kurze Einführung in die Neue Phänomenologie (KE), Freiburg i.Br. 2009.

Schmitz, Hermann (2011): Der Leib (Leib), Berlin / Boston 2011.

Schmitz, Hermann: Das Reich der Normen (RN), Freiburg i.Br. / München 2012.

Schmitz, Hermann: Zur Epigenese der Person (ZEdP), Freiburg i.Br. / München 2017.

Schmitz, Hermann: Wie der Mensch zur Welt kommt. (WdM) Beiträge zur Geschichte der Selbstwerdung, Freiburg i.Br. / München 2019.

Schmitz, Hermann: System der Philosophie, Band I: Die Gegenwart (SdP I), Bonn 1964, Neuauflage Freiburg i.Br. / München 2019.

Schmitz, Hermann: System der Philosophie, Band II: 1. Teil: Der Leib (SdP II/1), Bonn 1965, Neuauflage Freiburg i.Br. / München 2019.

Schmitz, Hermann: System der Philosophie, Band II: 2. Teil: Der Leib im Spiegel der Kunst (SdP II/2), Bonn 1966, Neuauflage Freiburg i.Br. / München 2019.

Schmitz, Hermann: System der Philosophie, Band III: Der Raum, 1. Teil: Derr leibliche Raum (SdP III/1), Bonn 1967, Neuauflage Freiburg i.Br. / München 2019.

Schmitz, Hermann: System der Philosophie, Band III: Der Raum, 3. Teil: Der Rechtsraum. Praktische Philosophie (SdP III/3), Bonn 1973, Neuauflage Freiburg i.Br. / München 2019.

Schmitz, Hermann: System der Philosophie, Band III: Der Raum, 4. Teil: Das Göttliche und der Raum (SdP III/4), Freiburg i.Br. / München 2019.

Schultz, Nikolaj: Landkrank. Aus dem Englischen von Michael Bischoff, Berlin 2024.

Seligman, Martin E.P.: Der Glücks-Faktor. Warum Optimisten länger leben. Aus dem Englischen von Siegfried Brockert, Köln 2003.

Seligman, Martin: Wie wir aufblühen. Die fünf Säulen des persönlichen Wohlbefindens. Aus dem Amerikanischen übersetzt von Stephan Schuhmacher, München [9]2015. In der Erstauflage lautete der Untertitel: Die Positive Psychologie des gelingenden Lebens.

Sloterdijk, Peter: »Der Himmel kann es doch«. Peter Sloterdijks Leidenschaft heißt Grau. (Himmel) Ein Gespräch über die Zeitenwende, seltenes Glück und den neuen farbenpolitischen Imperativ, in: DIE ZEIT, 08.04.2022, 57. Das Gespräch führte Peter Neumann.

Sommer, Bernd: Resonanz und Nachhaltigkeit: Zum Verhältnis zweier Schlüsselbegriffe zeitgenössischer Gesellschaftskritik, in: Jean-Pierre Wils (Hg.): Resonanz. Im interdisziplinären Gespräch mit Hartmut Rosa, Baden-Baden 2019, 151-163.

Stausberg, Michael: Die Heilsbringer. Eine Globalgeschichte der Religionen im 20. Jahrhundert (HB), München 2020.

Strasser, Stephan: Das Gemüt: Grundgedanken zu einer phänomenologischen Philosophie und Theorie des menschlichen Gefühlslebens (DG), Freiburg i.Br. 1956.

Summa, Michaela: Das Leibgedächtnis. Ein Beitrag aus der Phänomenologie Husserls, in: Husserl Studies 27 (3) 2011, 173-196.

Taylor, Eugene: Positive Psychology and Humanistic Pschology: A Reply to Seligman, in: Journal of Humanistic Psychology 41 (1) 2001, 13-29.

Tayyap, Rashid / Seligman, Martin: Positive Psychotherapie. Ein Therapiemanual. Aus dem Englischen von Irmela Erckenbrecht, Göttingen 2021.

Theißen, Gerd: Argumente für einen kritischen Glauben, oder: Was hält der Religionskritik stand ? (AkG), München 1978.

Theißen, Gerd: Die Religion der ersten Christen. Eine Theorie des Urchristentums (RdeC), Gütersloh 2000.

Titus, Craig Steven: Aquinas, Seligman and Positive Psychologie: A Christian approach to the use of virtue in psychology, in: The Journal of Positive Psychology. Dedicated to furthering research and promoting good practise 12 (5) 2017, 447-458.

Warburg, Aby: Gesammelte Schriften. Der Bilderatlas MNEMOSYNE, herausgegeben von Martin Warnke unter Mitarbeit von Claudia Brink, Zweite Abteilung, Bd. 1, Berlin [4]2000.

Werhahn, Hans (Hg.): Neue Phänomenologie. Hermann Schmitz im Gespräch, Freiburg i.Br. / München 2011.

Wils, Jean-Pierre (Hg.): Resonanz. Im interdisziplinären Gespräch mit Hartmut Rosa (RiiG), Baden-Baden 2019, 191-212.

Wolf, Barbara: Kinder lernen leiblich. Praxisbuch über das Phänomen der Weltaneignung (KII), Freiburg i.Br. 2016.

Das Essay verwendet Passagen aus meinen Büchern: *Lebenslehre, Handfestes Christentum* und *Scham und Ehre*.

Dank

Im Japanischen gibt es das Wort *Tsundoku*, und dieses Wort beschreibt den aufgelaufenen Stapel von Büchern, die man erworben oder geschenkt bekommen hat, und die – dafür gibt es viele Gründe – nicht gelesen werden. Selbstredend hoffe ich, dass mein Buch nicht nur auf einem Bücherberg landet, sondern Leserinnen und Leser findet. Ich danke meinem Lektor und Programmleiter Diedrich Steen für jahrzehntelange Treue, seiner findigen Assistentin Gudrun Krieger, meinem Assistenten mit Punk-Vergangenheit Dr. Michael Bauer und dem Saarbrücker Freundeskreis für Tipps und Ermunterungen, den Text nach der umfangreichen Lebenslehre zu verschlanken und zu entstressen. Ein herzlicher Dank geht an Wolfgang Kerkhoff, Karin Weindl, Karin und Dr. Eckart Rolfshoven, Friedhelm und Renate Fiedler, Dr. Berthold und Sigi Klein, Univ.-Präsident Prof. Dr. Volker und Annette Linneweber, an den Theaterintendanten Bodo Busse und Antonio Grimaldi. Ein ganz besonderer und weltumfassender Dank geht an Barbara Wackernagel-Jacobs, ehem. Ministerin des Saarlandes für Frauen, Arbeit, Gesundheit und Soziales.

MIX
Papier | Fördert gute Waldnutzung
FSC® C004378

Penguin Random House Verlagsgruppe FSC® N001967

Druck und Bindung: PB Tisk, a.s., Pribram
Printed in Czech Republic
ISBN 978-3-579-08254-7
www.gtvh.de